KÖKET I FRANKRIKES SOLIGASTE STAD, INSPIRERAD AV NICOISE-MARKNADEN

En gastronomisk resa genom Nices pulserande kulinariska scen

EMANUEL HENRIKSSON

Copyright Material ©2024

Alla rättigheter förbehållna

Ingen del av denna bok får användas eller överföras i någon form eller på något sätt utan korrekt skriftligt medgivande från utgivaren och upphovsrättsinnehavaren, förutom korta citat som används i en recension. Den här boken bör inte betraktas som en ersättning för medicinsk, juridisk eller annan professionell rådgivning.

INNEHÅLLSFÖRTECKNING

INNEHÅLLSFÖRTECKNING **3**
INTRODUKTION **6**
FRUKOST **7**
   1. Niçoise omelett 8
   2. Niçoise frukostsallad 10
   3. Niçoise avokadotoast 12
   4. Niçoise frukostwrap 14
   5. Fougasse aux oliver 16
   6. Devilled Eggs Nicoise 18
   7. Salade de Fruits (färsk fruktsallad) 20
   8. Niçoise Äggröra 22
   9. Niçoise Beignets 24
   10. Frukost Chaussons Aux Pommes 26
   11. Niçoise ägg och tomat frukost tartine 28
   12. Niçoise Eggs En Cocotte 30
   13. Ratatouille omelett 32
APTITRETARE **34**
   14. Niçoise -inspirerade charkuterier 35
   15. Tonfisktartar med olivtapenad 37
   16. Niçoise Sallad Vårrullar 39
   17. Zucchini och getost Niçoise Bites 41
   18. Ansjovis och rostad röd paprika Crostini 43
   19. Pissaladière 45
   20. Pan Bagnat 47
   21. Tapenade 49
   22. Niçoise löktårta 51
   23. Niçoise ostsufflé 53
   24. Niçoise tårtförsäljning 55
   25. Niçoise olivtapenad 57
   26. Provensalsk tomatbasilikabruschetta 59
   27. Niçoise potatissallad 61
   28. Niçoise Kyckling Canapéer 63
   29. Rouille Dip 65
   30. Herbes de Provence Popcorn 67
   31. Crostini med getost och honung 69
SALADER **71**
   32. Klassisk niçoisesallad med grillad tonfisk 72
   33. Tonfisk Niçoise sallad 74
   34. Mason burk niçoise sallad 76

35. VIT FISK NIÇOISE SALLAD 79
36. SALLAD NIÇOISE 81
37. NIÇOISE SKÅLAR MED LINSER OCH RÖKT LAX 83
38. BRÄND BLÅFENAD TONFISKSALLAD NIÇOISE 85
39. DEKONSTRUERAD NICOISE-SALLAD 87
40. GRILLAD TONFISK NICOISE SALLAD 89
41. MOSTACCIOLI SALLAD NICOISE 91
42. KLASSISK SALLAD NICOISE MED TONFISK 93
43. NIÇOISE RÖKT LAX NICOISE SALLAD 95
44. TONFISK- OCH ANSJOVISSALLAD NICOISE 97
45. LADDAD NICOISE-SALLAD 99
46. NIÇOISE SKÅLAR MED LINSER OCH RÖKT LAX 101

HUVUDRÄTT 103

47. SOCCA NIÇOISE WRAPS 104
48. STEKT LAX NIÇOISE 107
49. NIÇOISE KYCKLINGSPETT 109
50. VEGETARISK NIÇOISE RATATOUILLE 111
51. RATATOUILLE PROVENÇALE 113
52. TONFISK OCH VITA BÖNOR SALLAD 115
53. NIÇOISE CLASSIC SALAD LYONNÄS 117
54. NIÇOISE PALSTERNACKAGRATÄNG MED TIMJAN OCH GRUYERE 119
55. NIÇOISE FILET MIGNON MED BÉARNAISESÅS 121
56. NIÇOISE BEEF BOURGUIGNON PAJ 123
57. NIÇOISE BOUILLABAISSE 125
58. NIÇOISE GRILLAD KYCKLING OCH POTATIS 127
59. NIÇOISE KANAPÉER MED RÖKT LAX 129
60. NIÇOISE SOLE MEUNIÈRE 131
61. LAMM RATATOUILLE 133
62. PROVENSALSK KYCKLING MED ÖRTER 135
63. PISSALADIÈRE 137
64. NIÇOISE KYCKLINGGRYTA E 139
65. NIÇOISE SENAPSKYCKLING 141
66. NIÇOISE BIFFGRYTA 143
67. NIÇOISE HAVSABBORRE AU PISTOU 145
68. NIÇOISE COQ AU VIN 147
69. NIÇOISE KYCKLING CASSOULET 149
70. NIÇOISE POTATIS DAUPHINOISE 151
71. NIÇOISE CHAMPINJON BOURGUIGNON 153
72. BEAN OCH VEGGIE CASSOULET 155
73. GRÖNSAKS NIÇOISE BRÖD PIZZA 157
74. NIÇOISE POTATIS AU VIN 159
75. NIÇOISE RATATOUILLE 161
76. NIÇOISE GRÖNSAKSGRYTA 163
77. NIÇOISE VEGETARISK LIMPA 165

78. Niçoise Gratäng av grönsaker 167
79. Niçoise Grönsak Niçoise Dip Sandwich 169
80. Niçoise White Bean Stew 171
81. Niçoise Mandel Niçoise Toast 173
82. Niçoise Linsgryta 175
83. Niçoise One Pot Niçoise Lök Pasta 177
84. Niçoise linssallad med getost 179
85. Niçoise Faux Sallad 181
86. Niçoise kokoscurried linssoppa 183
87. Niçoise gröna bönor 185

EFTERRÄTT 187

88. Lavendel honung Pannacotta 188
89. Apelsin och olivolja kaka 190
90. Niçoise Palmier Cookie s 192
91. Niçoise Caneles 194
92. Niçoise Cherry Clafoutis 196
93. Niçoise kokospaj 198
94. Passionsfrukt och citronmarängtarteletter 200
95. Niçoise Pear Tart 202
96. Strawberry Frasier och Lillet Chiffong Cake 204
97. Niçoise Poire Avec Orange 206
98. Niçoise Chokladmousse 208
99. Niçoise Chokladbakelse 210
100. Niçoise vaniljsåspaj 212

SLUTSATS 214

INTRODUKTION

Ge dig ut på en gastronomisk resa genom de livliga marknaderna och de solkylta gatorna i Nice med "Köket i frankrikes soligaste stad, inspirerad av nicoise-marknaden" Den här kokboken inbjuder dig att utforska den rika gobelängen av smaker som definierar den kulinariska scenen i Nice – en stad där färskvaror, medelhavsinfluenser och en livslust möts för att skapa en kulinarisk tillflyktsort. Med 100 noggrant utvalda recept, följ med oss när vi firar den soldränkta charmen och gastronomiska läckerheter som gör Niçoise-köket till en sann förkroppsligande av den franska Rivierans anda.

Föreställ dig de livliga marknaderna fyllda med färgglada produkter, doften av örter och kryddor som blandas i luften och Medelhavets azurblå vatten som en bakgrund till livliga uteserveringar. "Niçoise" är inte bara en kokbok; det är en ode till marknaderna, havet och den provensalska charmen som definierar Nices kulinariska landskap. Oavsett om du längtar efter elegansen hos bouillabaisse, enkelheten hos en sallad niçoise eller sötman hos en tarte aux citrons, är dessa recept framtagna för att transportera dig till hjärtat av den franska rivieran.

Från skaldjursdelikatesser till aromatiska örter och från färska grönsaker till överseende efterrätter, varje recept är en hyllning till de smaker som frodas under Nices soligaste himmel. Oavsett om du är en erfaren kock som är sugen på att återskapa stadens smaker eller en äventyrlig husmanskock som söker inspiration, är "Niçoise" din guide för att föra värmen och livfullheten i Nice till ditt bord.

Följ med oss när vi utforskar den pulserande kulinariska scenen i Nice, där varje rätt berättar en historia om marknaderna, havet och den glada konsten att njuta av livet. Så samla din olivolja, omfamna örterna och låt oss ge oss ut på en gastronomisk resa genom "Köket i frankrikes soligaste stad, inspirerad av nicoise-marknaden"

FRUKOST

1.Niçoise omelett

INGREDIENSER:
- 4 ägg
- 1/2 dl körsbärstomater, halverade
- 1/4 kopp Kalamata oliver, urkärnade och hackade
- 2 msk färsk basilika, hackad
- 1/2 kopp tonfiskbitar, kokta
- 1 msk olivolja
- Salta och peppra efter smak

INSTRUKTIONER:
a) Vispa ägg och smaka av med salt och peppar.
b) Hetta upp olivolja i en panna.
c) Häll de vispade äggen i pannan.
d) Tillsätt tomater, oliver, basilika och tonfiskbitar.
e) Koka tills omeletten stelnat, vik sedan ihop och servera.

2.Niçoise frukostsallad

INGREDIENSER:
- 2 koppar blandade grönsaker
- 1/2 kopp kokt barnpotatis, halverad
- 1/4 kopp gröna bönor, blancherade och hackade
- 2 kokta ägg, skivade
- 1/4 kopp körsbärstomater, halverade
- 2 msk Niçoise oliver
- 2 matskedar olivolja
- 1 msk rödvinsvinäger
- Salta och peppra efter smak

INSTRUKTIONER:
a) Lägg upp blandade grönsaker på en tallrik.
b) Toppa med babypotatis, gröna bönor, kokta ägg, tomater och oliver.
c) I en liten skål, vispa ihop olivolja, rödvinsvinäger, salt och peppar.
d) Ringla dressingen över salladen och rör om innan servering.

3.Niçoise avokadotoast

INGREDIENSER:
- 2 skivor fullkornsbröd, rostat
- 1 mogen avokado, mosad
- 1/2 dl körsbärstomater, halverade
- 2 msk Niçoise oliver, skivade
- 1 msk kapris
- 1 msk färsk persilja, hackad
- Citron juice
- Salta och peppra efter smak

INSTRUKTIONER:
a) Fördela mosad avokado jämnt på de rostade brödskivorna.
b) Toppa med körsbärstomater, oliver, kapris och färsk persilja.
c) Pressa citronsaft över toppingen och smaka av med salt och peppar.

4.Niçoise frukostwrap

INGREDIENSER:
- 1 stor fullkornsfolie
- 1/2 kopp kokt quinoa
- 1/4 kopp konserverade kikärter, avrunna och sköljda
- 1/4 kopp körsbärstomater, halverade
- 2 msk Niçoise oliver, skivade
- 1 msk fetaost, smulad
- Färska basilikablad
- Olivolja

INSTRUKTIONER:
a) Lägg wrapen platt och bred ut kokt quinoa i mitten.
b) Tillsätt kikärter, körsbärstomater, oliver, fetaost och färsk basilika.
c) Ringla över olivolja.
d) Vik sidorna av omslaget och rulla ihop det, fäst med tandpetare om det behövs. Skär i hälften och servera.

5.Fougasse aux oliver

INGREDIENSER:
- 1 msk Brödmaskinjäst
- 2½ dl brödmjöl
- 2 tsk socker
- ¼ tesked salt
- ½ kopp varm mjölk
- ½ kopp vatten
- ¼ kopp fruktig olivolja, + extra för att täcka degen
- ⅓ kopp hackad niçoise eller gröna oliver

INSTRUKTIONER:

a) Kombinera jäst, mjöl, socker, salt, mjölk, vatten och ¼ kopp olivolja i brödmaskinsformen och bearbeta på deginställningen. I slutet av cykeln vänder du upp degen på ett lätt mjölat bord och knådar i oliverna.

b) Vänd brödformen över degen och låt vila i 15 minuter.

c) Dela degen i två lika stora bitar och rulla varje bit till en 8 ~ x 10-tums rektangel. Lägg varje rektangel på en bakplåtspappersklädd plåt.

d) Gör två rader med 6 till 8 jämnt fördelade diagonala snedstreck, skär hela vägen genom degen.

e) Öppna dessa slitsar genom att dra isär dem ordentligt med händerna. Klä tunnbröden med olivolja och ställ åt sidan för att jäsa tills degen är puffad, cirka 20 minuter.

f) Värm ugnen till 375 F. Efter att bröden är pösiga, grädda i den heta ugnen i 15 till 20 minuter, eller tills de är gyllenbruna. Kyl på galler.

g) Dessa äts bäst dagen de görs, men de kan förvaras i plastfolie.

6. Devilled Eggs Nicoise

INGREDIENSER:
- 6 ägg
- 2 msk svarta oliver, hackade
- 1 liten tomat, kärnad och finhackad
- 1 tsk dijonsenap
- Saften av 1 citron
- 1 msk olivolja
- 1 msk vanlig grekisk yoghurt
- 2 msk färsk persilja, hackad, plus mer till garnering

INSTRUKTIONER:
a) Förvärm vattenbadet till 170°F.
b) Lägg ägg i påsen. Förslut med vatten. Anvisningar och lägg sedan i badet. Koka i 1 timme.
c) Lägg äggen i en skål med kallt vatten för att svalna. Skala försiktigt och halvera sedan varje ägg på längden.
d) Skopa äggulor i en skål. Rör ner oliver, tomat, senap, citron, olja, yoghurt och persilja.
e) Fyll äggvitan med äggublandningen. Garnera med persilja.

7.Salade de Fruits (färsk fruktsallad)

INGREDIENSER:
- Diverse färsk frukt (t.ex. jordgubbar, persikor, meloner) - ca 2 koppar
- Myntablad till garnering
- 2 matskedar honung
- Saften av en citron

INSTRUKTIONER:
a) Tärna de färska frukterna och blanda dem i en mixerskål.
b) Ringla honung och citronsaft över frukterna, blanda försiktigt för att täcka.
c) Garnera med myntablad och servera kyld.

8. Niçoise Äggröra

INGREDIENSER:
- Två matskedar smör
- En halv kopp tung grädde
- En nypa salt
- En nypa svartpeppar
- Två matskedar hackad färsk gräslök
- Fyra ägg
- En rödlök
- En tesked hackad vitlök
- Niçoise brödskivor

INSTRUKTIONER:
a) Ta en stor panna.
b) Tillsätt smöret och låt det smälta.
c) Lägg i den hackade löken.
d) Koka löken tills den är mjuk.
e) Lägg i den hackade vitlöken.
f) Blanda löken och vitlöken i två minuter.
g) Tillsätt äggen och låt koka ihop.
h) Rör ihop blandningen.
i) Tillsätt salt och peppar.
j) Tillsätt den tunga grädden till slut.
k) När äggen är klara, dela ut dem.
l) Lägg den färska hackade gräslöken ovanpå.

9.Niçoise Beignets

INGREDIENSER:
- En halv kopp smör
- Fyra ägg
- Två koppar mjöl
- En kopp mjölk
- En matsked bakpulver
- Florsocker, en kopp

INSTRUKTIONER:
a) Ta en stor skål.
b) Blanda alla ingredienser utom florsockret i en stor skål.
c) Forma en halvtjock deg av blandningen.
d) Hetta upp en panna full med olja.
e) Tillsätt en sked av smeten i oljan.
f) Stek beigneten.
g) Dela ut beigneterna när de blir gyllenbruna.
h) Kyl ner beigneten.
i) Tillsätt florsockret över hela beigneterna.

10.Frukost Chaussons Aux Pommes

INGREDIENSER:
- En halv kopp helmjölk
- En matsked socker
- En kopp universalmjöl
- Två ägg
- Fem matskedar smör
- En kopp tung grädde
- En tesked vaniljextrakt
- En kopp äpplen

INSTRUKTIONER:
a) Ta en kastrull och tillsätt vattnet i den.
b) Tillsätt mjölk, smör, socker, grädde, vaniljextrakt och salt i det.
c) Koka upp hela blandningen.
d) Tillsätt mjölet och blanda väl.
e) Koka blandningen i två minuter.
f) Ta bort den när degen är formad.
g) Lägg över degen i en skål.
h) Tillsätt äggen i den.
i) Bäst blandningen tills degen blir slät.
j) Gör puffarna i önskad form.
k) Tillsätt de hackade äpplena mellan puffarna.
l) Grädda den i tjugo minuter.

11.Niçoise ägg och tomat frukost tartine

INGREDIENSER:
- Två matskedar majonnäs
- Salladsblad
- En halv kopp tung grädde
- Tre matskedar dijonsenap
- Niçoise tartine bröd
- En kopp torkade körsbärstomater
- Två teskedar citronsaft
- En tesked socker
- Fyra stekta ägg

INSTRUKTIONER:
a) Ta en stor skål.
b) Blanda majonnäs, grädde, citronsaft och socker tills det bildar en homogen blandning i skålen.
c) Rosta brödskivorna.
d) Lägg salladsbladen på brödskivorna.
e) Lägg majonnäsblandningen ovanpå skivorna.
f) Lägg de stekta äggen och de soltorkade tomaterna ovanpå.
g) Ringla dijonsenap ovanpå varje skiva.

12.Niçoise Eggs En Cocotte

INGREDIENSER:
- Två matskedar smör
- En halv kopp tung grädde
- En nypa salt
- En nypa svartpeppar
- Två matskedar hackad färsk gräslök Fyra ägg
- En tesked Herbs de Provence
- Niçoise brödskivor

INSTRUKTIONER:
a) Ta en stor skål.
b) Tillsätt alla ingredienser utom gräslöken i den.
c) Blanda allt väl.
d) Häll blandningen i en ugnsform.
e) Placera skålen i ett vattenbad.
f) Grädda äggen i tio till femton minuter.
g) Dela ut när det är klart.
h) Lägg den färska hackade gräslöken ovanpå.

13.Ratatouille omelett

INGREDIENSER:
- 4 ägg
- 1/2 kopp tärnad paprika
- 1/2 kopp tärnad zucchini
- 1/2 kopp tärnad aubergine
- 1/4 kopp tärnad rödlök
- 2 matskedar olivolja
- Salta och peppra efter smak

INSTRUKTIONER:
a) Fräs paprika, zucchini, aubergine och rödlök i en panna i olivolja tills de är mjuka.
b) Vispa ägg i en skål och smaka av med salt och peppar.
c) Häll äggen över de sauterade grönsakerna, rör försiktigt tills äggen är kokta.
d) Servera omeletten varm, garnerad med färska örter om så önskas.

APTITRETARE

14. Niçoise-inspirerade charkuterier

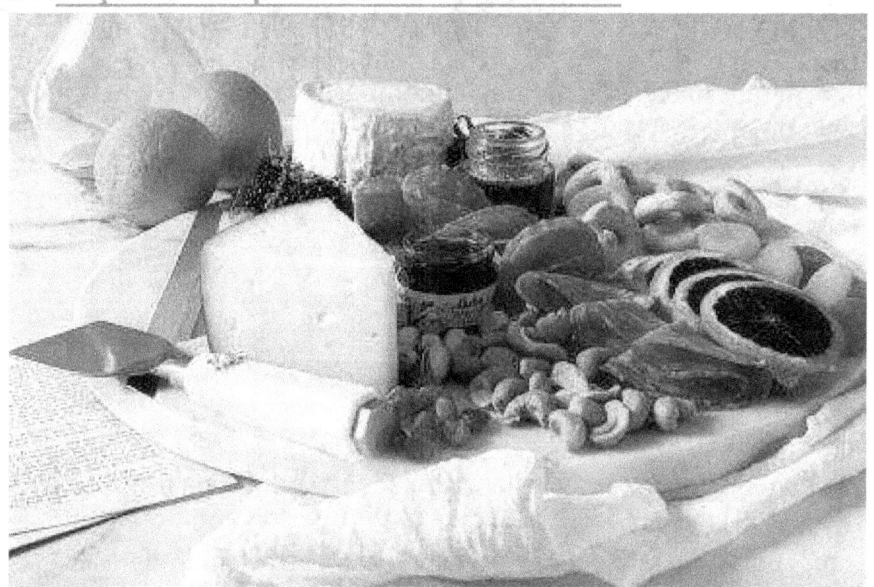

INGREDIENSER:
- Diverse charkuterier (som saucisson, jambon de Bayonne, paté eller rillettes)
- Franska ostar (som Brie, Camembert, Roquefort eller Comté)
- Baguetteskivor eller franskbröd
- Cornichons (små pickles)
- Dijon senap
- Niçoise Oliver
- Vindruvor eller skivade fikon
- Valnötter eller mandel
- Färska örter (som persilja eller timjan) till garnering

INSTRUKTIONER:
a) Välj en stor träskiva eller tallrik för att ordna dina franskinspirerade charkuterier.
b) Börja med att lägga upp charkarna på tavlan. Rulla eller vik dem och lägg dem i ett tilltalande mönster.
c) Skär den franska osten i skivor eller klyftor och lägg dem vid sidan av köttfärsen.
d) Lägg till en bunt baguetteskivor eller franskbröd på brädan, vilket ger ett klassiskt tillbehör till köttet och ostarna.
e) Placera en liten skål med dijonsenap på brädan för att doppa eller breda på brödet.
f) Lägg till en skål med cornichons, som är traditionella franska pickles, för att komplettera charkarnas smaker.
g) Strö ut en mängd olika oliver på brädet, fyll eventuella återstående luckor.
h) Placera klasar av färska druvor eller skivade fikon runt brädet, lägg till en touch av sötma.
i) Strö valnötter eller mandel över hela brädan för extra textur och smak.
j) Garnera tavlan med färska örter för en pricken över i:et.
k) Servera den franskinspirerade charkbrädan som förrätt eller mittpunkt vid din sammankomst, så att gästerna kan njuta av den härliga kombinationen av smaker och texturer.

15. Tonfisktartar med olivtapenad

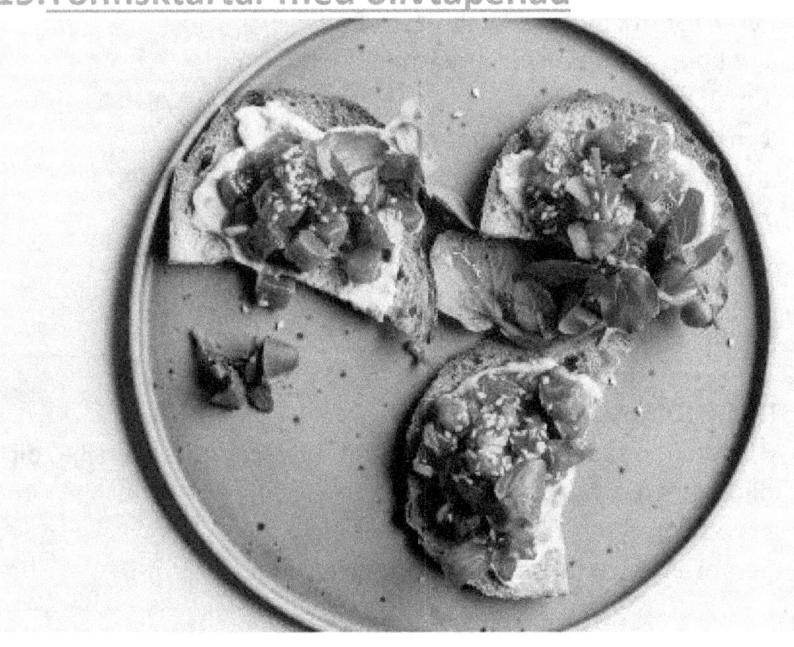

INGREDIENSER:
- Färsk tonfisk av sushikvalitet, tärnad
- 1/4 kopp svarta oliver, urkärnade och hackade
- 1 msk kapris, hackad
- 1 msk färsk persilja, finhackad
- 1 msk extra virgin olivolja
- 1 tsk dijonsenap
- Citronsaft efter smak
- Salta och peppra efter smak
- Baguetteskivor till servering

INSTRUKTIONER:
a) Blanda i en skål tärnad tonfisk med oliver, kapris, persilja, olivolja, dijonsenap och citronsaft.
b) Krydda med salt och peppar.
c) Servera tonfisktartaren på baguetteskivor.

16. Niçoise Sallad Vårrullar

INGREDIENSER:
- Rispappersomslag
- Romainesallatsblad
- Konserverad tonfisk, flingad
- Körsbärstomater, halverade
- Niçoise oliver, skivade
- Hårdkokta ägg, skivade
- Kokta gröna bönor, blancherade
- Färska basilikablad
- Olivolja och balsamvinäger till doppning

INSTRUKTIONER:
a) Blötlägg ett rispappersomslag i varmt vatten tills det är böjligt.
b) Lägg omslaget platt och fyll med sallad, tonfisk, tomater, oliver, ägg, gröna bönor och basilika.
c) Rulla hårt och upprepa.
d) Servera vårrullarna med en dippsås av olivolja och balsamvinäger.

17.Zucchini och getost Niçoise Bites

INGREDIENSER:
- Zucchini skivor
- Getost
- Körsbärstomater, halverade
- Niçoise oliver, urkärnade
- Färska timjanblad
- Olivolja
- Balsamicoglasyr för duggregn

INSTRUKTIONER:
a) Grilla eller rosta zucchiniskivorna tills de är mjuka.
b) Toppa varje zucchiniskiva med en liten mängd getost, en körsbärstomathalva och en oliv.
c) Strö över färska timjanblad och ringla över olivolja och balsamicoglasyr.
d) Servera som eleganta Niçoise-inspirerade kanapéer.

18. Ansjovis och rostad röd paprika Crostini

INGREDIENSER:
- Baguetteskivor, rostade
- Ansjovisfiléer
- Rostad röd paprika, skivad
- Krämig getost
- Färska basilikablad
- Olivolja att ringla över

INSTRUKTIONER:
a) Bred ut ett lager getost på varje rostad baguetteskiva.
b) Toppa med en ansjovisfilé och en skiva rostad röd paprika.
c) Garnera med färska basilikablad och ringla över olivolja.
d) Servera dessa crostini som en smakrik Niçoise-inspirerad förrätt.

19.Pissaladière

INGREDIENSER:
- Pizzadeg eller smördeg
- 2 stora lökar, tunt skivade
- 1/4 kopp olivolja
- 1 tsk torkad timjan
- Ansjovis (burk eller burk)
- Svarta oliver, urkärnade

INSTRUKTIONER:
a) Värm ugnen till 400°F (200°C).
b) Fräs löken i olivolja tills den är karamelliserad och rör sedan i torkad timjan.
c) Kavla ut pizzadeg eller smördeg och lägg över på en plåt.
d) Fördela den karamelliserade löken jämnt över degen, arrangera ansjovis i ett kors och tvärs mönster och lägg oliver mellan ansjovisen.
e) Grädda tills skorpan är gyllenbrun. Skiva och servera varm eller rumstemperatur.

20. Pan Bagnat

INGREDIENSER:
- Niçoise baguette eller runt bröd
- Konserverad tonfisk, avrunnen
- Körsbärstomater, halverade
- Rödlök, tunt skivad
- Grön paprika, tunt skivad
- Svarta oliver, skivade
- Olivolja, rödvinsvinäger, salt och peppar till dressing

INSTRUKTIONER:
a) Skär baguetten på mitten och urholka lite av brödet från mitten.
b) Blanda tonfisk, tomater, rödlök, paprika och oliver i en skål.
c) I en annan skål, vispa ihop olivolja, rödvinsvinäger, salt och peppar till dressingen.
d) Fyll baguetten med tonfiskblandningen, häll dressingen över den och tryck ihop halvorna. Slå in i plast och låt stå en stund så att smakerna smälter ihop.

21. Tapenade

INGREDIENSER:
- 1 kopp urkärnade svarta oliver
- 2 msk kapris
- 2 ansjovisfiléer
- 1 vitlöksklyfta
- 2 matskedar färsk citronsaft
- 1/4 kopp olivolja
- Färsk persilja till garnering

INSTRUKTIONER:
a) Kombinera oliver, kapris, ansjovis, vitlök och citronsaft i en matberedare.
b) Pulsera tills blandningen blir en grov pasta.
c) Med processorn igång, häll sakta i olivoljan tills den är väl blandad.
d) Garnera med hackad färsk persilja. Servera med knaprigt bröd eller kex.

22. Niçoise löktårta

INGREDIENSER:
- Två matskedar Herbs de Provence
- En halv kopp smör
- Ett paket tårtdeg
- En halv kopp grädde
- Två matskedar finhackad vitlök
- Två koppar lök
- Två matskedar olivolja
- Smör för smörjning

INSTRUKTIONER:
a) Ta en stor panna.
b) Tillsätt oljan och löken i pannan.
c) Koka löken och tillsätt kryddorna och vitlöken i blandningen.
d) Kyl ner den när den är kokt.
e) Ta en stor skål.
f) Tillsätt grädden och vispa den ordentligt.
g) Gör den skummande och tillsätt sedan smöret.
h) Vispa blandningen ordentligt och tillsätt sedan lökblandningen i smöret.
i) Blanda blandningen ordentligt.
j) Lägg tårtdegen i smorda tårtaformar.
k) Grädda rätten ordentligt i tio till femton minuter.
l) Lägg den hackade koriandern ovanpå.

23. Niçoise ostsufflé

INGREDIENSER:
- Åtta ägg
- Fyra droppar citronsaft
- Två koppar mjölk
- En nypa salt
- Fem uns gruyereost
- En halv kopp mjöl
- Fem matskedar smör

INSTRUKTIONER:
a) Ta en stor skål.
b) Tillsätt alla ingredienser i skålen.
c) Blanda alla ingredienser väl.
d) Häll blandningen i en ugnsform.
e) Grädda rätten i tjugo minuter.

24. Niçoise tårtförsäljning

INGREDIENSER:
- Två matskedar olivolja
- En halv kopp hackad schalottenlök
- En tesked finhackad vitlök
- En och en halv kopp universalmjöl
- En nypa svartpeppar
- En nypa salt
- En halv kopp mjölk
- En och en halv kopp ost
- Tre hela ägg

INSTRUKTIONER:
a) Ta en stor stekpanna.
b) Tillsätt två matskedar olivolja och hackad schalottenlök i stekpannan.
c) Koka schalottenlöken i några minuter tills den blir ljusbrun.
d) Tillsätt den hackade vitlöken i stekpannan.
e) Tillsätt salt och svartpeppar i stekpannan och blanda väl.
f) Stäng av spisen och låt blandningen svalna.
g) Ta en stor skål.
h) Tillsätt äggen och mjölken i skålen.
i) Vispa väl och tillsätt sedan mjölet och den kokta blandningen i skålen.
j) Blanda allt väl.
k) Häll blandningen i en smord brödform.
l) Lägg osten ovanpå smeten.
m) Sätt formen i en förvärmd ugn och grädda brödet.
n) Dela upp brödet efter fyrtio minuter.

25. Niçoise olivtapenad

INGREDIENSER:
- En och en halv kopp ansjovis
- En matsked hackad kapris
- En halv kopp svarta oliver
- Två matskedar timjan
- En halv tesked salt
- Två teskedar finhackad vitlök
- En tesked olivolja

INSTRUKTIONER:
a) Ta en mixer.
b) Tillsätt alla ingredienser i mixern.
c) Blanda alla ingredienser.
d) Rätt ut när det blandas ordentligt.
e) Servera den med brödskivor.

26. Provensalsk tomatbasilikabruschetta

INGREDIENSER:
- Baguetteskivor
- Mogna tomater, tärnade
- Färsk basilika, hackad
- Vitlöksklyftor, hackade
- Olivolja
- Balsamvinäger
- Salta och peppra efter smak

INSTRUKTIONER:
a) Rosta baguetteskivor i ugnen eller på grill.
b) Blanda tärnade tomater, basilika, hackad vitlök, olivolja och balsamvinäger i en skål.
c) Krydda med salt och peppar.
d) Häll tomatblandningen på de rostade baguetteskivorna och servera.

27. Niçoise potatissallad

INGREDIENSER:
- Tre matskedar grönsaksbuljong
- En kopp morot
- En halv kopp färsk timjan
- En kopp Niçoise-potatis
- En halv tesked rökt paprika
- Två matskedar finhackad vitlök
- En halv kopp hackad selleri
- Två matskedar olivolja
- Två matskedar honung
- En halv kopp dijonsenap

INSTRUKTIONER:
a) Ta en stor panna.
b) Tillsätt olja och potatis i pannan.
c) Stek potatisen under omrörning och tillsätt sedan grönsaksbuljongen i den.
d) Låt potatisen koka i cirka trettio minuter eller tills vätskan torkat i kastrullen.
e) Tillsätt resten av ingredienserna i en skål.
f) Blanda alla ingredienser väl till en homogen blandning.
g) Lägg den kokta potatisen ovanpå blandningen.
h) Kasta salladen för att se till att allt blandas ordentligt.

28. Niçoise Kyckling Canapéer

INGREDIENSER:
- Två matskedar olivolja
- En halv kopp hackad färsk dill
- En kopp kokt kyckling
- Brödskivor
- En kopp hackad färsk gräslök
- En kopp hackade tomater
- En tesked mix kryddpulver
- En kopp lök
- En halv tesked rökt paprika
- En kopp crème fraiche
- En nypa salt
- En matsked smör
- En tesked svartpeppar

INSTRUKTIONER:
a) Ta en panna.
b) Tillsätt oljan och löken.
c) Koka löken tills den blir mjuk och doftande.
d) Lägg i den kokta kycklingen.
e) Tillsätt kryddorna.
f) Tillsätt resten av ingredienserna i blandningen.
g) Ta brödskivorna och applicera smör på båda sidorna.
h) Rulla den och lägg den i en ugnsform.
i) Lägg blandningen ovanpå brödskivorna.
j) Grädda brödskivorna i tjugo minuter.

29. Rouille Dip

INGREDIENSER:
- 1/2 kopp majonnäs
- 2 vitlöksklyftor, hackade
- 1 tsk dijonsenap
- 1 msk tomatpuré
- 1 tsk paprika
- En skvätt cayennepeppar
- Olivolja

INSTRUKTIONER:
a) I en skål, vispa ihop majonnäs, hackad vitlök, dijonsenap, tomatpuré, paprika och cayennepeppar.
b) Ringla långsamt i olivolja under vispning tills blandningen har en krämig konsistens.
c) Servera som dipp med färska grönsaker, bröd eller som en sås till skaldjur.

30.Herbes de Provence Popcorn

INGREDIENSER:
- Popcornkärnor
- 2 msk smält smör
- 1 tsk Herbes de Provence (torkad blandning av salta, mejram, rosmarin, timjan och oregano)
- Salt att smaka

INSTRUKTIONER:
a) Poppa popcornkärnorna enligt anvisningarna på förpackningen.
b) Ringla smält smör över popcornen och rör om så att det blir jämnt.
c) Strö Herbes de Provence och salt över popcornen, blanda igen för att fördela smakerna.

31. Crostini med getost och honung

INGREDIENSER:
- Baguetteskivor
- Getost
- Honung
- Färska timjanblad

INSTRUKTIONER:
a) Rosta baguetteskivorna tills de är gyllenbruna.
b) Bred ut getost på varje skiva.
c) Ringla honung över getosten och garnera med färska timjanblad.
d) Servera som en härlig och lättlagad aptitretare.

SALADER

32.Klassisk niçoisesallad med grillad tonfisk

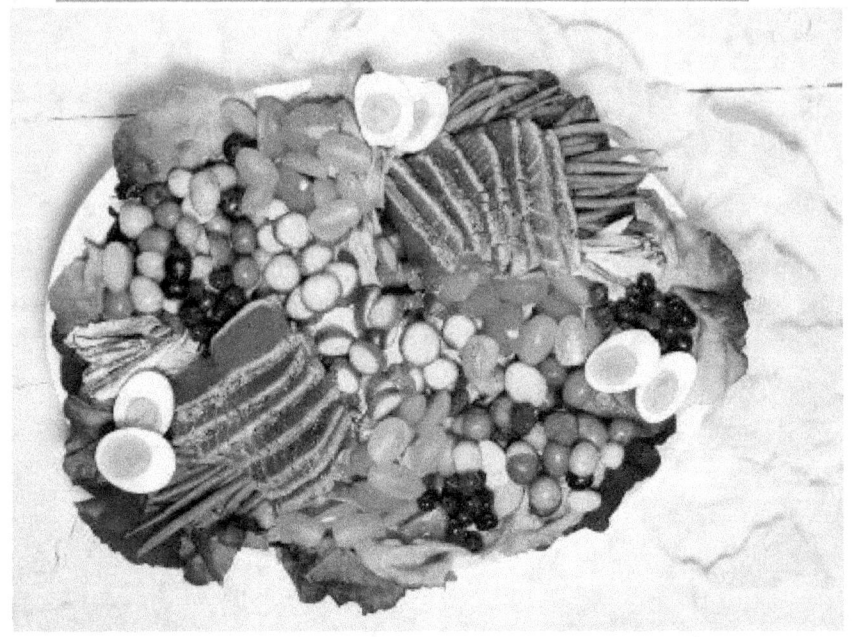

INGREDIENSER:
- Färska tonfiskbiffar
- Blandad grönsallad (som romersallat)
- Körsbärstomater, halverade
- Niçoise oliver
- Hårdkokta ägg, skivade
- Gröna bönor, blancherade
- Röd potatis, kokt och skivad
- Ansjovis (valfritt)
- Olivolja och rödvinsvinäger till dressing
- Färsk basilika eller persilja till garnering

INSTRUKTIONER:
a) Grilla tonfiskbiffarna efter eget tycke.
b) Lägg upp grönsalladen på en tallrik och toppa med körsbärstomater, Niçoise-oliver, skivade hårdkokta ägg, haricots verts och kokt potatis.
c) Lägg den grillade tonfisken ovanpå.
d) Garnera med ansjovis om så önskas, ringla över olivolja och rödvinsvinäger och strö färsk basilika eller persilja ovanpå.

33. Tonfisk Niçoise sallad

INGREDIENSER:
- 1½ dl baby- eller fingerpotatis, eller 1 stor röd eller röd potatis skivad
- 1 msk olivolja
- 1 vitlöksklyfta, pressad eller 1 tsk hackad vitlök i burk
- Nypa salt
- Svartpeppar efter smak
- 4 dl vårmixsallad
- 1 kopp kokta gröna bönor
- 2 mjukkokta ägg, skalade, skivade
- 1 5-ounce burk oljepackad tonfisk, avrunnen
- Gå till Honey Dijon Salladsdressing

INSTRUKTIONER:
a) Värm ugnen till 425 grader.
b) Lägg potatisen på en plåt klädd med bakplåtspapper. Ringla oljan över potatisen. Tillsätt vitlöken och blanda sedan i vitlöken och belägg potatisen med oljan.
c) Grädda i 25 minuter, eller tills gaffeln är mjuk. Ställ åt sidan för att svalna och skär sedan i ¼-tums skivor.
d) Fördela vårmixen jämnt på två tallrikar. Lägg ett skivat ägg på varje tallrik. Ordna haricots verts bredvid ägget. Tillsätt sedan tonfisken.
e) Lägg potatisen på salladstallriken.
f) Ringla Go-to Honey Dijon-salladsdressingen jämnt över varje sallad och servera.

34.Mason burk niçoise sallad

INGREDIENSER:

- 2 medelstora ägg
- 2 ½ koppar halverade gröna bönor
- 3 (7-ounce) burkar albacore tonfisk packade i vatten, avrunna och sköljda
- ¼ kopp extra virgin olivolja
- 2 msk rödvinsvinäger
- 2 msk tärnad rödlök
- 2 msk hackad färsk bladpersilja
- 1 msk hackade färska dragonblad
- 1 ½ tsk dijonsenap
- Kosher salt och nymalen svartpeppar, efter smak
- 1 dl halverade körsbärstomater
- 4 dl riven smörsallat
- 3 dl ruccolablad
- 12 Kalamata oliver
- 1 citron, skuren i klyftor (valfritt)

INSTRUKTIONER:

a) Lägg äggen i en stor kastrull och täck med kallt vatten med 1 tum. Koka upp och koka i 1 minut. Täck grytan med ett tättslutande lock och ta bort från värmen; låt sitta i 8 till 10 minuter.

b) Under tiden, i en stor kastrull med kokande saltat vatten, blanchera de gröna bönorna tills de är klargröna, cirka 2 minuter. Låt rinna av och svalna i en skål med isvatten. Dränera väl. Häll av äggen och låt svalna innan du skalar och skär äggen på mitten på längden.

c) I en stor skål, kombinera tonfisk, olivolja, vinäger, lök, persilja, dragon och Dijon tills precis kombinerat; smaka av med salt och peppar.

d) Dela tonfiskblandningen i 4 (32-ounce) glasburkar med bred mun med lock. Toppa med gröna bönor, ägg, tomater, smörsallat, ruccola och oliver. Kyl i upp till 3 dagar.

e) För att servera, skaka innehållet i en burk. Servera omedelbart, med citronklyftor om så önskas.

35.Vit fisk Niçoise sallad

INGREDIENSER:

- 2 vita fiskfiléer, kokta och i flingor
- 4 koppar blandad grönsallad
- 4 hårdkokta ägg, halverade
- 1 dl körsbärstomater, halverade
- 1/2 kopp skivad gurka
- 1/4 kopp skivade svarta oliver
- 2 msk kapris
- Saften av 1 citron
- 3 matskedar olivolja
- Salta och peppra efter smak

INSTRUKTIONER:

a) I en stor salladsskål, kombinera den flingade vita fisken, blandade salladsgrönsaker, halverade hårdkokta ägg, körsbärstomater, skivade gurkor, skivade svarta oliver och kapris.

b) I en liten skål, vispa ihop citronsaft, olivolja, salt och peppar för att göra dressingen.

c) Häll dressingen över salladen och blanda försiktigt.

d) Servera den vita fisken Niçoise salladen kyld.

36.Sallad Niçoise

INGREDIENSER:
- 3 koppar tidigare kokta gröna bönor i en skål
- 3 kvartade tomater i en skål
- ¾ till 1 kopp vinägrett
- 1 huvud Bostonsallat, separerad, tvättad och torkad
- En stor salladsskål eller ett grunt fat
- 3 koppar kall fransk potatissallad (föregående recept)
- ½ kopp urkärnade svarta oliver, helst av torr medelhavstyp
- 3 hårdkokta ägg, kalla, skalade och i fjärdedelar
- 12 konserverade ansjovisfiléer, avrunna, antingen platta eller rullade med kapris
- Cirka 1 kopp (8 uns) konserverad tonfisk, avrunnen

INSTRUKTIONER:
a) Kasta salladsbladen i salladsskålen med ¼ kopp vinägrett och lägg bladen runt skålen.
b) Ordna potatis i botten av skålen, dekorera med bönorna och tomaterna, varva dem med en design av tonfisk, oliver, ägg och ansjovis.
c) Häll resterande dressing över salladen, strö över örter och servera.

37. Niçoise skålar med linser och rökt lax

INGREDIENSER:
- ¾ kopp (144 g) franska linser
- Kosher salt och nymalen svartpeppar
- 8 st potatisar, halverade på längden
- 2 matskedar (30 ml) avokado eller extra virgin olivolja, delad
- 1 schalottenlök, tärnad
- 6 uns (168 g) gröna bönor, putsade
- 2 förpackade koppar (40 g) ruccola
- 1 kopp (150 g) druvtomater, halverade
- 8 rädisor, i fjärdedelar
- 1 lök fänkål, putsad och tunt skivad
- 4 hårdkokta ägg, halverade
- 4 uns (115 g) tunt skivad rökt lax
- 1 recept Vitvin–citronvinägrett

INSTRUKTIONER:

a) Värm ugnen till 425°F (220°C, eller gasmark 7).

b) Tillsätt linserna och en generös nypa salt i en medelstor kastrull och täck med vatten med minst 5 cm. Koka upp, sänk sedan värmen till låg och låt sjuda tills de är mjuka, cirka 25 minuter. Häll av överflödigt vatten.

c) Kasta potatisen med 1 matsked (15 ml) av oljan, salt och peppar. Lägg i ett enda lager på en kantad bakplåt. Rosta tills de är mjuka och lättbruna, cirka 20 minuter. Avsätta.

d) Värm under tiden den återstående 1 msk (15 ml) oljan i en stekpanna på medelvärme. Fräs schalottenlöken tills den är mjuk, ca 3 minuter. Tillsätt haricots verts och smaka av med salt och peppar.

e) Koka, rör om då och då, tills de är precis mjuka, cirka 5 minuter.

f) För att servera, dela linser och ruccola mellan skålar. Toppa med krispig potatis, haricots verts, tomater, rädisa, fänkål, ägg och rökt lax.

g) Ringla över vitvin-citronvinägrett.

38. Bränd blåfenad tonfisksallad Niçoise

INGREDIENSER:
SALLAD
- 225g liten röd potatis
- 4 stora ägg
- Stor näve blandad sallad
- 400 g Dinko sydlig blåfenad tonfisk
- 200 g körsbärstomater
- ½ kopp niçoise oliver
- Salt och peppar

KLÄ PÅ SIG
- 1/3 kopp olivolja
- 1/3 kopp rödvinsvinäger
- 1 msk dijonsenap

INSTRUKTIONER:
a) Häll olivolja, rödvinsvinäger och dijonsenap i en glasburk och skaka.
b) Lägg ägg i en stor kastrull och täck med vatten. När vattnet når en rinnande kokning, stäng av brännaren och låt stå i 10-15 minuter. Sila av vattnet ur kastrullen och fyll sedan på med kallt vatten och låt stå.
c) Skala och kvarta potatisen, lägg i en kastrull och täck sedan med vatten. Koka upp, sänk sedan värmen och låt sjuda i 12 minuter.
d) Värm upp en stor gjutjärnspanna på medelhög värme och täck sedan pannan lätt med matlagningsspray.
e) Bestryk Dinko Southern Bluefen Tuna-biffar med salt och peppar och lägg sedan tonfisken i stekpannan. Bryn tonfisken i 2 minuter på varje sida. Lägg åt sidan och låt svalna.
f) Ta bort ägg från vattnet; skala och halvera på längden.
g) Skiva tonfiskbiffar tunt över kornet.
h) I en stor skål, kombinera tomater, oliver, blandad sallad och potatis. Blanda försiktigt.
i) Fördela salladsblandningen på fyra tallrikar; toppa med tonfiskskivor och ägg.
j) Ringla över dressing och servera.

39.Dekonstruerad Nicoise-sallad

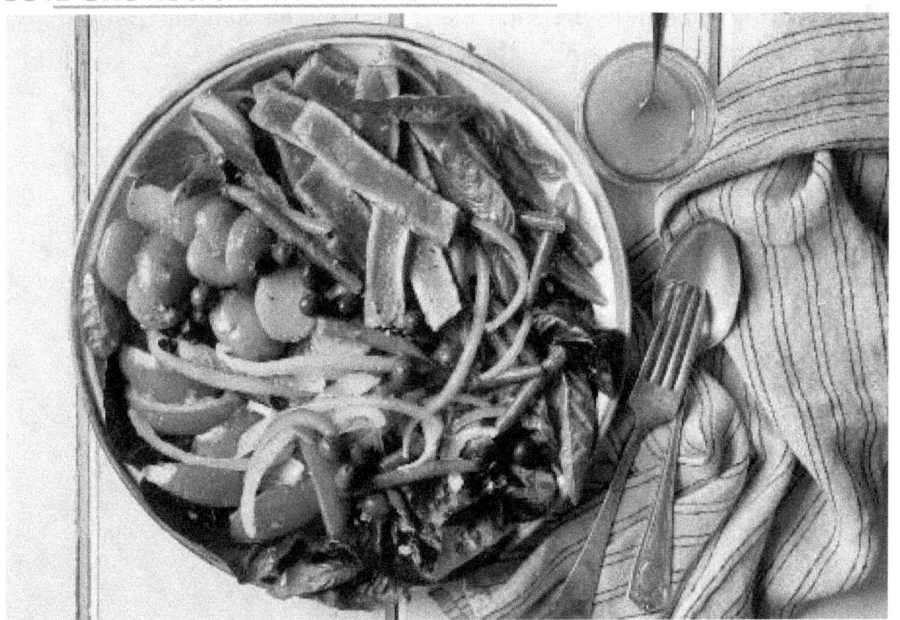

INGREDIENSER:
- Tonfiskbiffar - en per person, grillad med olivolja, salt och peppar
- 2 nypotatisar per person
- 5-8 bönor per person
- 10 oliver per person
- 1 mjukkokt ägg per person
- Ansjovismajonnäs

INSTRUKTIONER:
a) Koka potatisen och skär i klyftor.
b) Skala de mjukkokta äggen.
c) Blanchera bönorna.
d) Grilla tonfiskbiffarna.
e) Konstruera, avsluta med tonfiskbiffarna på toppen.
f) Ringla över ansjovismajonnäs.

40.Grillad tonfisk Nicoise sallad

INGREDIENSER:
- 2 msk champagnevinäger
- 1 msk hackad dragon
- 1 tsk dijonsenap
- 1 liten schalottenlök, finhackad
- 1/2 tsk fint havssalt
- 1/4 tsk mald svartpeppar
- 1/4 kopp olivolja
- 1 (1 pund) färsk eller fryst och tinad tonfiskbiff
- Olivolja matlagning spray
- 1 1/2 pund liten färskpotatis, kokad tills den är mjuk och kall
- 1/2 pund gröna bönor, putsade, kokade tills de är mjuka och svalnade
- 1 dl halverade körsbärstomater
- 1/2 kopp urkärnade Nicoise-oliver
- 1/2 kopp tunt skivad rödlök
- 1 hårdkokt ägg, skalat och skuret i klyftor (valfritt)

INSTRUKTIONER:

a) Vispa ihop vinäger, dragon, dijon, schalottenlök, salt och peppar. Vispa långsamt i olivolja för att göra en vinägrett.

b) Ringla 2 matskedar av vinägretten över tonfiskbiffar, täck över och kyl i 30 minuter.

c) Spraya grillen med matlagningsspray och förvärm till medelvärme. Grilla tonfisken tills den är klar (5 till 7 minuter på varje sida).

d) Flinga tonfisken i stora bitar. Ordna tonfisk, potatis, gröna bönor, tomater, oliver, lök och ägg på ett stort fat. Servera med resterande vinägrett vid sidan av.

41. Mostaccioli sallad Nicoise

INGREDIENSER:
- 1 pund Mostaccioli eller pennepasta, okokt
- 2 pund färska gröna bönor, ångade tills de är mjuka
- 2 medelstora gröna paprikor, skurna i bitar
- 1 pint körsbärstomater, i fjärdedelar
- 2 dl skivad selleri
- 1 kopp skivad salladslök
- 10-20 urkärnade mogna oliver (Kalamata), skivade (eller efter smak)
- 2 (7-ounce) burkar vattenpackad vit tonfisk (Albacore), avrunnen och flingad

KLÄ PÅ SIG:
- 1/2 kopp olivolja eller vegetabilisk olja
- 1/4 kopp rödvinsvinäger
- 3 vitlöksklyftor, hackade
- 4 tsk senap i Dijon-stil
- 1 tsk valfri saltfri örtkrydda
- 1 tsk basilikablad (färska eller torra)
- 1/4 tsk peppar

INSTRUKTIONER:

a) Förbered pasta enligt anvisningar på paketet.

b) Medan pastan kokar, hacka grönsaker och oliver, kombinera med tonfisk i en stor skål.

c) Vispa ihop olja, vinäger, vitlök, senap, örtkrydda, basilika och peppar.

d) När pastan är klar, låt den rinna av och tillsätt den i den stora skålen med grönsaker.

e) Häll dressingen över pastan och rör om så att den blandas ordentligt.

f) Täck över och kyl tills smakerna smälter (cirka 1-2 timmar, längre för bättre smak).

g) Rör om då och då medan det svalnar, servera sedan och njut!

42. Klassisk sallad Nicoise med tonfisk

INGREDIENSER:
- 115 g gröna bönor (putsade och halverade)
- 115g blandade salladsblad
- 1/2 liten gurka (tunt skivad)
- 4 mogna tomater (fjärdedelar)
- 50 g konserverad ansjovis (avrunnen) - valfritt
- 4 ägg (hårdkokta & i fjärdedelar ELLER pocherade)
- 1 liten burk tonfisk i saltlake
- Salt & mald svartpeppar
- 50g små svarta oliver - valfritt

KLÄ PÅ SIG:
- 4 msk extra virgin olivolja
- 2 vitlöksklyftor (krossade)
- 1 msk vitvinsvinäger

INSTRUKTIONER:
a) Till dressingen, vispa ihop de sista 3 ingredienserna och smaka av med salt och svartpeppar, ställ sedan åt sidan.
b) Koka haricots verts i cirka 2 minuter (blanchering) eller tills de är lite mjuka, låt dem rinna av.
c) Blanda salladsblad, gurka, tomater, gröna bönor, ansjovis, oliver och dressing i en stor skål.
d) Toppa med de kvartade äggen och tonfisken (så att den inte tappar sin form).
e) Servera genast och njut!

43.Niçoise rökt lax Nicoise sallad

INGREDIENSER:
- En kopp morot
- En halv kopp färsk timjan
- En kopp rökt lax
- En halv tesked rökt paprika
- Två matskedar finhackad vitlök
- En halv kopp hackad selleri
- Två matskedar olivolja
- Två matskedar honung
- Getost, en kopp
- Dijonsenap, halv kopp

INSTRUKTIONER:
a) Ta en stor skål.
b) Tillsätt alla ingredienser i en skål.
c) Blanda alla ingredienser väl till en homogen blandning.
d) Kasta salladen för att se till att allt blandas ordentligt.

44. Tonfisk- och ansjovissallad Nicoise

INGREDIENSER:
- 8 små röda potatisar (kokta)
- 2 kg gröna bönor (blancherade)
- 10 ovala körsbärstomater
- 1 liten lila lök (tunt skivad)
- 1/2 kopp oliver (urkärnade)
- 6 hårdkokta ägg (fjärdedelar)
- 2 burkar 12 oz vit tonfisk (förpackad i olja)
- 2 oz ansjovisfiléer (valfritt)
- Dressing: 1 msk dijonsenap, 4 msk rödvinsvinäger, 1/2 dl olivolja, 1 tsk socker, 1/2 tsk salt, 1/2 tsk peppar, 1/4 dl finhackad platt bladpersilja

INSTRUKTIONER:

a) Koka potatis, kvarta dem när den svalnat. Koka och kvarta ägg. Blanchera bönor och kyl.

b) Vispa senap och vinäger slät. Tillsätt olivolja i en långsam stråle, vispa tills den tjocknar. Tillsätt socker, salt, peppar och hackad persilja.

c) Blanda ihop salladen, häll det mesta av dressingen, arrangera ägg runt skålen, tonfisk i mitten och ringla resten av dressingen över tonfisken och äggen.

45. Laddad Nicoise-sallad

INGREDIENSER:

- 1 huvud romainesallat, rivet i små bitar
- 1 huvud av Boston eller Bibb sallad
- 2 eller 3 burkar tonfisk, avrunna
- 1 burk kronärtskockshjärtan, avrunnen
- 1 kopp druvtomater
- 6-8 salladslökar, rensade
- 6-8 små färskpotatisar, ångade, kvar i skal
- 1 burk ansjovisfiléer, indränkta i mjölk, torkade
- 3/4 lb färska gröna bönor, blancherade
- 4 hårdkokta ägg, i fjärdedelar
- 2 schalottenlök, hackade
- 1 vitlöksklyfta, krossad
- 1,5 tsk salt
- Färsk knäckt svartpeppar
- 2 msk dijonsenap
- 1/3 kopp rödvinsvinäger
- 2/3 kopp mild extra virgin olivolja
- 3 msk kapris, avrunnen (reserverad som garnering)

INSTRUKTIONER:

a) Förbered salladen enligt anvisningarna, se till att du blir krispiga bönor och mjuk potatis.
b) Gör salladsdressingen genom att vispa schalottenlök, vitlök, senap, salt och peppar med vinäger.
c) Tillsätt olja sakta under vispning.
d) Kasta kokt värmd potatis med 2 msk beredd dressing.
e) Kasta gröna bönor med en knapp matsked dressing.
f) Sätt ihop salladen, ordna sallad, tonfisk, ägg och mer. Ringla över dressing.
g) Garnera med kapris. Servera med resterande dressing vid sidan av.

46.Niçoise skålar med linser och rökt lax

INGREDIENSER:
- ¾ kopp (144 g) franska linser
- Kosher salt och nymalen svartpeppar
- 8 st potatisar, halverade på längden
- 2 matskedar (30 ml) avokado eller extra virgin olivolja, delad
- 1 schalottenlök, tärnad
- 6 uns (168 g) gröna bönor, putsade
- 2 förpackade koppar (40 g) ruccola
- 1 kopp (150 g) druvtomater, halverade
- 8 rädisor, i fjärdedelar
- 1 lök fänkål, putsad och tunt skivad
- 4 hårdkokta ägg, halverade
- 4 uns (115 g) tunt skivad rökt lax
- 1 recept Vitvin–citronvinägrett

INSTRUKTIONER
a) Värm ugnen till 425°F (220°C, eller gasmark 7).
b) Tillsätt linserna och en generös nypa salt i en medelstor kastrull och täck med vatten med minst 5 cm. Koka upp, sänk sedan värmen till låg och låt sjuda tills de är mjuka, cirka 25 minuter. Häll av överflödigt vatten.
c) Kasta potatisen med 1 matsked (15 ml) av oljan, salt och peppar. Lägg i ett enda lager på en kantad bakplåt. Rosta tills de är mjuka och lättbruna, cirka 20 minuter. Avsätta.
d) Värm under tiden den återstående 1 msk (15 ml) oljan i en stekpanna på medelvärme. Fräs schalottenlöken tills den är mjuk, ca 3 minuter. Tillsätt haricots verts och smaka av med salt och peppar. Koka, rör om då och då, tills de är precis mjuka, cirka 5 minuter.
e) För att servera, dela linser och ruccola mellan skålar. Toppa med krispig potatis, haricots verts, tomater, rädisa, fänkål, ägg och rökt lax. Ringla över vitvin-citronvinägrett.

HUVUDRÄTT

47. Socca niçoise wraps

INGREDIENSER:
- 3 ägg
- 150g fina haricots verts, toppade, stjärtade och hackade i 3 cm bitar
- 160 g mogna körsbärstomater, i fjärdedelar
- 1 Romano paprika, tärnad
- 1/3 gurka, tärnad
- 4 ansjovisfiléer, hackade
- en näve urkärnade svarta Niçoise-oliver
- några basilikablad, grovt rivna
- vegetabilisk olja, för stekning
- 1 x 225 g burk tonfisk av bästa kvalitet, avrunnen och flingad
- en näve lammsallat
- salt och nymalen svartpeppar

FÖR SOCCA
- 250 g kikärtsmjöl
- 3 matskedar olivolja
- en kvist rosmarin, nålar plockade och hackade
- för dressingen
- 3 matskedar olivolja
- 2 msk rödvinsvinäger
- 1 vitlöksklyfta, skalad
- en nypa strösocker
- ½ tsk dijonsenap

INSTRUKTIONER:

a) Börja med att göra soccasmeten. I en skål, vispa ihop kikärtsmjölet med 500 ml kallt vatten, olivoljan och rosmarin, krydda väl med salt och peppar. Täck över och ställ i kylen ett par timmar så att smeten får stelna.

b) Till dressingen, lägg alla ingredienser i en förseglad syltburk, smaka av med salt och peppar och skaka den ordentligt. Eller för en superlen och perfekt emulgerad dressing, lägg alla ingredienser i en kanna och mixa med en stavmixer tills den blir krämig. Avsätta.

c) Lägg äggen i en kastrull med kallt vatten, låt koka upp och koka i 5–6 minuter. Kör under kallt vatten tills det är tillräckligt kallt för att hantera, skala och skär sedan var och en i fjärdedelar. Avsätta.

d) Häll ner haricots verts i kokande vatten och koka i cirka 4 minuter tills de precis är mjuka. Låt rinna av väl och låt den svalna under kallt rinnande vatten och stoppa tillagningen. Häll i en stor skål och tillsätt tomater, paprika, gurka, ansjovis, oliver och basilika. Häll över dressingen och rör om väl så att den blandas. Om du gör i förväg, klä inte salladen förrän du är redo att äta.

e) Ta ut soccasmeten från kylen och ge den en sista visp att blanda. Vid det här laget kan du dela den mellan 6 glas om du vill, för att se till att pannkakorna har jämn storlek. Eller så kan du göra som jag och göra en välgrundad gissning! En slev per pannkaka är ungefär rätt. Ta en stor (28–30 cm) stekpanna med non-stick och ställ den på medelhög värme. När det är varmt, tillsätt lite olja och pensla det över hela ytan på pannan med hjälp av en bit repigt hushållspapper. Gör den första pannkakan genom att hälla i smeten och snurra runt den för att breda ut den till en rund pannkaka. Låt det koka i ett par minuter, vänd sedan med en fiskskiva och stek på andra sidan i ytterligare ett par minuter. Ta upp på en plåt och håll varmt i låg ugn (cirka 110°C/90°C Fläkt/Gasmark ¼) medan du upprepar med resten av smeten för att ge dig 6 pannkakor.

f) För att servera lägger du pannkakorna på en tallrik mitt på bordet tillsammans med salladen, tonfisken, äggkvarteren och salladen och låt dina gäster fylla och slå in sina egna. Eller så kan du sätta ihop dem själv och slå in tätt i folie redo att ätas.

48. Stekt lax Niçoise

INGREDIENSER:
- Laxfiléer
- Blandad grönsallad
- Körsbärstomater, halverade
- Niçoise oliver
- Hårdkokta ägg, skivade
- Gröna bönor, blancherade
- Babypotatis, kokt och halverad
- Kapris
- Citronklyftor
- Olivolja och dijonsenap till dressing

INSTRUKTIONER:
a) Krydda laxfiléerna och stek tills de är genomstekta.
b) Ordna grönsallad på en tallrik och toppa med körsbärstomater, Niçoise-oliver, skivade hårdkokta ägg, haricots verts och babypotatis.
c) Lägg den stekta laxen ovanpå.
d) Strö över kapris, pressa citronklyftor och ringla över en dressing gjord på olivolja och dijonsenap.

49. Niçoise kycklingspett

INGREDIENSER:
- Kycklingbröst, skuren i bitar
- körsbärstomater
- Niçoise oliver
- Rödlök, skuren i bitar
- Paprika, skuren i bitar
- Zucchini, skivad
- Olivolja, vitlök och örter för marinad
- Grillspett för grillning

INSTRUKTIONER:
a) Marinera kycklingbitarna i olivolja, hackad vitlök och örter.
b) Trä upp marinerad kyckling, körsbärstomater, Niçoise-oliver, rödlök, paprika och zucchini på spett.
c) Grilla spetten tills kycklingen är genomstekt och grönsakerna mjuka.
d) Servera med en sida av couscous eller en enkel sallad.

50.Vegetarisk Niçoise Ratatouille

INGREDIENSER:
- Aubergine, tärnad
- Zucchini, skivad
- Paprika, tärnad
- Körsbärstomater, halverade
- Rödlök, skivad
- Vitlök, hackad
- Olivolja
- Herbs de Provence
- Svarta oliver
- Kapris
- Färsk basilika till garnering

INSTRUKTIONER:
a) Fräs tärnad aubergine, skivad zucchini, tärnad paprika, körsbärstomater och skivad rödlök i olivolja tills grönsakerna är mjuka.
b) Tillsätt hackad vitlök och Herbs de Provence för smak.
c) Rör ner svarta oliver och kapris.
d) Garnera med färsk basilika innan servering.

51. Ratatouille Provençale

INGREDIENSER:
- 1 aubergine, tärnad
- 2 zucchinis, skivade
- 1 paprika, tärnad
- 2 tomater, tärnade
- 1 lök, finhackad
- 3 vitlöksklyftor, hackade
- Färsk timjan och rosmarin
- Olivolja
- Salta och peppra efter smak

INSTRUKTIONER:
a) Fräs lök och vitlök i olivolja tills det mjuknat.
b) Tillsätt aubergine, zucchinis, paprika och tomater. Koka tills grönsakerna är mjuka.
c) Rör ner färsk timjan och rosmarin. Krydda med salt och peppar.
d) Sjud i 20-30 minuter. Servera som tillbehör eller med knaprigt bröd.

52.Tonfisk och vita bönor sallad

INGREDIENSER:

- Konserverade vita bönor, avrunna och sköljda
- Konserverad tonfisk, avrunnen
- Rödlök, tunt skivad
- Körsbärstomater, halverade
- Färsk persilja, hackad
- Citronvinägrett (citronsaft, olivolja, dijonsenap)
- Salta och peppra efter smak

INSTRUKTIONER:

a) I en skål, kombinera vita bönor, tonfisk, rödlök, körsbärstomater och persilja.
b) I en separat skål, vispa ihop citronsaft, olivolja och dijonsenap till vinägretten.
c) Häll vinägretten över salladen och rör om.
d) Krydda med salt och peppar. Servera kyld.

53. Niçoise Classic Salad Lyonnäs

INGREDIENSER:
- Ett pund kokta pancettabitar
- Fyra koppar blandade grönsaker
- Två matskedar olivolja
- Två vitlöksklyftor
- En kopp rödlök
- Fyra kokta ägg
- En matsked dijonsenap
- Två matskedar vinäger
- En nypa salt
- En nypa svartpeppar

INSTRUKTIONER:
a) Ta en skål.
b) Tillsätt de blöta ingredienserna i skålen.
c) Blanda väl.
d) Tillsätt resten av ingredienserna i skålen.
e) Blanda väl för att få en homogen blandning.

54. Niçoise Palsternackagratäng med timjan och Gruyere

INGREDIENSER:
- Två matskedar strösocker
- En halv kopp palsternackaskivor
- En halv matsked mald kryddnejlika
- En halv matsked kanel
- En halv matsked muskotnöt
- En halv kopp osaltat smör
- En halv tesked torkad timjan
- Två ägg
- En halv kopp grädde av tartar
- Två koppar universalmjöl
- En kopp strimlad gruyereost

INSTRUKTIONER:
a) Ta en stor panna.
b) Värm den över medelhög värme.
c) Tillsätt sockret i den.
d) Värm den tills den blir gyllene karamell.
e) Tillsätt palsternackaskivorna, kanel, kryddnejlika och muskotnöt.
f) Öka värmen och koka i fem minuter.
g) Ta bort den från värmen och låt den svalna.
h) Ta en stor skål och tillsätt ost i den.
i) Tillsätt grädden av tartar och mjöl i den.
j) Tillsätt den kokta palsternackan och resten av ingredienserna i skålen.
k) Lägg ingredienserna i en ugnsform.
l) Grädda ingredienserna i tio till femton minuter.

55. Niçoise Filet Mignon med Béarnaisesås

INGREDIENSER:

- Två äggulor
- Två matskedar olivolja
- En halv kopp dijonsenap
- En kopp Worcestershiresås
- Två teskedar hackad kapris
- Ett pund bifffiléer
- En kopp ansjovispasta
- En matsked svartpeppar
- Två matskedar konjak
- Två matskedar Pernod
- En halv tesked salt
- Hackad färsk gräslök
- En halv kopp bearnaisesås

INSTRUKTIONER:

a) Ta en stor skål.
b) Tillsätt de torkade ingredienserna i skålen.
c) Blanda väl.
d) Tillsätt ansjovispurén i skålen.
e) Tillsätt konjak, Pernod och kryddor.
f) Tillsätt steken och resten av ingredienserna.
g) Blanda ingredienserna väl.
h) Tillsätt salt och svartpeppar på biffbitarna.
i) Grilla stekbitarna.
j) Dela ut bitarna när biffen är tillagad på båda sidor.
k) Häll bearnaisesåsen ovanpå.

56. Niçoise Beef Bourguignon Paj

INGREDIENSER:
- En kopp hackad bacon
- Två matskedar olivolja
- En kopp vit hackad lök
- En matsked hackad vitlök
- Tre matskedar universalmjöl
- Två koppar nötfärs
- Tre koppar nötköttsbitar
- En buljongtärning
- Tre koppar rött vin
- En tesked finhackad vitlök
- Ett pund bruna svampar
- Tre matskedar mjukt smör
- En kopp blandad ost
- En kvist färsk hackad rosmarin
- En kvist färsk hackad timjan
- En kvist hackad färsk persilja
- Två koppar nötbuljong
- Ett paket pajdeg

INSTRUKTIONER:
a) Ta en stor panna.
b) Tillsätt smör och lök i pannan.
c) Tillsätt kryddor, örter och tomater i pannan.
d) Koka blandningen väl.
e) Lägg i nötfärsen och nötköttsbitarna i pannan.
f) Tillsätt nötbuljongen och täck pannan så att köttet tillagas ordentligt.
g) Tillsätt resten av ingredienserna när köttblandningen torkat.
h) Koka blandningen väl.
i) Lägg pajdegen i en smord ugnsform.
j) Häll bourguignonblandningen och täck den med mer deg.
k) Grädda rätten i tio minuter.
l) Lägg den hackade persiljan ovanpå.

57. Niçoise Bouillabaisse

INGREDIENSER:
- Två remsor av apelsinskal
- Tre lagerblad
- En kopp hackad lök
- En matsked svartpeppar
- En kopp hackad purjolök
- Två matskedar olivolja
- Åtta torkade chili
- Två teskedar hackad vitlök
- En kopp musslor
- En kopp blandad medelhavsfisk
- En kopp tomatpuré
- En nypa saffran
- En tesked svartpeppar
- Två koppar mogna tomater
- Två koppar fiskfond
- Två matskedar pernod
- En stjärnanis
- En nypa salt
- En matsked hackad färsk gräslök

INSTRUKTIONER:
a) Ta en stor panna.
b) Tillsätt olja och lök i pannan.
c) Koka löken tills den blir mjuk och genomskinlig.
d) Lägg i vitlöken i pannan.
e) Koka blandningen väl.
f) Tillsätt tomatpuré, hackade mogna tomater och kryddor.
g) Koka blandningen i fem minuter.
h) Lägg i musslorna och medelhavsfisken i pannan.
i) Koka ingredienserna väl.
j) Tillsätt resten av ingredienserna.
k) Tillsätt fiskbuljongen och resten av ingredienserna.
l) Täck pannan och koka i tio minuter.
m) Garnera rätten med hackad färsk gräslök.

58. Niçoise grillad kyckling och potatis

INGREDIENSER:
- Två koppar potatisskivor
- En matsked koshersalt
- En matsked svartpeppar
- Två koppar rött vin
- Ett lagerblad
- En tesked socker
- En tesked torkad timjan
- En kopp morot
- En lök
- Två koppar kycklingbitar
- En tesked vitlökspasta
- En halv kopp tomatpuré
- En halv kopp osaltat smör
- Två matskedar allsidigt mjöl
- Hackad persilja

INSTRUKTIONER:
a) Ta en stor skål.
b) Lägg potatisskivorna och kycklingen i skålen.
c) Krydda ingredienserna med peppar och salt.
d) Blanda rött vin, lagerblad och timjan.
e) Täck potatisen och kycklingen i marineringen i trettio minuter.
f) Ta en stor bakpanna.
g) Tillsätt det osaltade smöret i pannan.
h) Tillsätt de marinerade ingredienserna i den.
i) Tillsätt resten av ingredienserna i blandningen.
j) Rosta rätten i trettio minuter och diska sedan ut.

59.Niçoise kanapéer med rökt lax

INGREDIENSER:
- Två matskedar olivolja
- En halv kopp hackad färsk dill
- En kopp rökt lax
- Brödskivor
- En kopp hackad färsk gräslök
- En kopp hackade tomater
- En tesked mix kryddpulver
- En kopp lök
- En halv tesked rökt paprika
- En kopp crème fraiche
- En nypa salt
- En matsked smör
- En tesked svartpeppar

INSTRUKTIONER:
a) Ta en panna.
b) Tillsätt oljan och löken.
c) Koka löken tills den blir mjuk och doftande.
d) Lägg i den rökta laxen.
e) Tillsätt kryddorna.
f) Tillsätt resten av ingredienserna i blandningen.
g) Ta brödskivorna och applicera smör på båda sidorna.
h) Rulla dem och lägg i en ugnsform.
i) Lägg blandningen ovanpå brödskivorna.
j) Grädda brödskivorna i tjugo minuter.

60. Niçoise Sole Meunière

INGREDIENSER:
- Två matskedar mjöl
- En matsked svartpeppar
- Två matskedar olivolja
- En halv kopp dijonsenap
- En kopp Worcestershiresås
- Två teskedar hackad kapris
- Ett pund fiskfiléer
- En kopp ansjovispasta
- Två matskedar Pernod
- En halv tesked salt
- Hackad färsk gräslök

INSTRUKTIONER:
a) Ta en stor skål.
b) Tillsätt de torkade ingredienserna i skålen.
c) Blanda väl.
d) Tillsätt ansjovispurén i skålen.
e) Tillsätt Pernod och kryddorna.
f) Tillsätt steken och resten av ingredienserna.
g) Blanda ingredienserna väl.
h) Grilla fiskbitarna.
i) Dela ut bitarna när fisken är tillagad på båda sidor.

61. Lamm Ratatouille

INGREDIENSER:
- 1 lb lammgryta kött
- 1 aubergine, tärnad
- 2 zucchinis, skivade
- 1 paprika, tärnad
- 2 tomater, tärnade
- 1 lök, finhackad
- 3 vitlöksklyftor, hackade
- Färsk timjan och rosmarin
- Olivolja
- Salta och peppra efter smak

INSTRUKTIONER:
a) Bryn lammgrytan i en stor gryta i olivolja. Ta bort och ställ åt sidan.
b) Fräs lök och vitlök i samma gryta tills det mjuknat.
c) Tillsätt aubergine, zucchinis, paprika och tomater. Koka tills grönsakerna är mjuka.
d) Lägg tillbaka lammet i grytan, tillsätt färsk timjan och rosmarin. Sjud tills lammet är genomstekt.
e) Krydda med salt och peppar. Servera över couscous eller ris.

62.Provensalsk kyckling med örter

INGREDIENSER:
- 4 ben med skinn på kycklinglår
- 1 citron, skivad
- 2 msk färsk timjan, hackad
- 2 msk färsk rosmarin, hackad
- 3 vitlöksklyftor, hackade
- 1/4 kopp vitt vin
- 1/4 kopp kycklingbuljong
- Olivolja
- Salta och peppra efter smak

INSTRUKTIONER:
a) Värm ugnen till 375°F (190°C).
b) Krydda kycklinglåren med salt och peppar.
c) Värm olivolja och bryn kyckling i en stekpanna på båda sidor.
d) Överför kycklingen till en ugnsform. Tillsätt citronskivor, timjan, rosmarin och vitlök.
e) Häll vitt vin och kycklingbuljong över kycklingen. Grädda i ugnen tills kycklingen är genomstekt och gyllene.

63.Pissaladière

INGREDIENSER:
- Pizzadeg eller smördeg
- 2 stora lökar, tunt skivade
- 1/4 kopp olivolja
- 1 tsk torkad timjan
- Ansjovis (burk eller burk)
- Svarta oliver, urkärnade

INSTRUKTIONER:

a) Värm ugnen till 400°F (200°C).
b) Fräs löken i olivolja tills den är karamelliserad och rör sedan i torkad timjan.
c) Kavla ut pizzadeg eller smördeg och lägg över på en plåt.
d) Fördela den karamelliserade löken jämnt över degen, arrangera ansjovis i ett kors och tvärs mönster och lägg oliver mellan ansjovisen.
e) Grädda tills skorpan är gyllenbrun. Skiva och servera varm eller rumstemperatur.

64.Niçoise kycklinggryta e

INGREDIENSER:
- En matsked dijonsenap
- En matsked hackad färsk gräslök
- En halv tesked rökt paprika
- En kopp kycklingbitar
- En kopp Niçoise ost
- Två matskedar olivolja
- En kopp torkat vitt vin
- En halv kopp mjölk
- en kopp crème fraiche
- en tesked örtpulver
- En kopp lök
- En tesked hackad vitlök

INSTRUKTIONER:
a) Ta en panna.
b) Tillsätt oljan och löken.
c) Koka löken tills den blir mjuk och doftande.
d) Tillsätt kryddorna.
e) Blanda ingredienserna noggrant och täck pannan.
f) Blanda ner kycklingen och torrt vitt vin i blandningen.
g) Koka kycklingen väl.
h) Stäng av spisen.
i) Tillsätt resten av ingredienserna när blandningen svalnat.
j) Häll grytblandningen i en ugnsform.
k) Strö över den strimlade Niçoise-osten.
l) Grädda grytan i tjugo minuter.
m) Häll ur grytan när den är klar.
n) Strö över koriandern ovanpå.

65. Niçoise Senapskyckling

INGREDIENSER:
- En kopp lök
- En kopp grönsaksbuljong
- En halv tesked rökt paprika
- Två matskedar dijonsenap
- Två teskedar vitt socker
- Två matskedar olivolja
- Två koppar tomatpuré
- En matsked torkad rosmarin
- En nypa salt
- En nypa svartpeppar
- En tesked torkad timjan
- Ett pund kycklingbitar
- Två matskedar finhackad vitlök
- En halv kopp torrt vitt vin
- En halv kopp citronsaft
- En halv kopp koriander

INSTRUKTIONER:
a) Ta en stor panna.
b) Lägg i olivoljan och lökskivorna.
c) Fräs lökskivorna.
d) Tillsätt vitlök, kycklingbitar, citronsaft och kryddor i pannan.
e) Koka kycklingbitarna i kryddorna i fem till tio minuter.
f) Tillsätt resten av ingredienserna i blandningen.
g) Koka blandningen tills den börjar koka.
h) Sänk värmen till låg och täck pannan med ett lock.
i) Ta bort locket efter tio minuter.

66.Niçoise Biffgryta

INGREDIENSER:
- Två matskedar olivolja
- Ett pund nötköttsbitar (halvkokta)
- Två matskedar hackad vitlök
- Två koppar hackad schalottenlök
- En kopp hackad lök
- En kopp hackad persilja
- En kopp grönsaksfond
- En matsked Herbs de Provence
- En halv kopp hackad färsk timjan
- En halv kopp hackad färsk rosmarin
- En halv kopp hackad färsk gräslök
- En tesked mix kryddpulver
- En halv tesked rökt paprika
- Ett lagerblad
- En halv tesked salt
- En tesked svartpeppar

INSTRUKTIONER:
a) Ta en stor skål.
b) Tillsätt alla hackade ingredienser i skålen.
c) Blanda alla ingredienser väl.
d) Tillsätt lite vatten i den.
e) Mixa blandningen med en stavmixer.
f) Se till att ingredienserna blir jämna.
g) Tillsätt nötköttet i blandningen.
h) Marinera det halvkokta nötköttet i blandningen i femton minuter.
i) Ta en stor panna.
j) Tillsätt alla ingredienser och olivolja i pannan.
k) Blanda grytan väl.
l) Koka grytan i tio till femton minuter.

67. Niçoise havsabborre Au Pistou

INGREDIENSER:
- En halv kopp jungfruolja
- Två vitlöksklyftor
- Två selleri stjälkar
- En söt lök
- En potatis
- En halv tesked salt
- En tesked svartpeppar
- En halv tesked rökt paprika
- En halv kopp vitt vin
- Två koppar fiskbuljong
- En kopp havsabborre
- Två matskedar klassisk pistou

INSTRUKTIONER:
a) Ta en stor panna.
b) Hetta upp oljan i en panna.
c) Tillsätt vitlök, selleristjälkar och lök i den.
d) Koka den under omrörning i tio minuter.
e) Tillsätt havsabborre, örter, salt och peppar efter behov.
f) Tillsätt den rökta paprikan och koka i en minut.
g) Tillsätt vinet och blanda väl och koka i ytterligare en minut.
h) Tillsätt resten av ingredienserna i matlagningsblandningen.
i) Koka rätten i tjugo minuter.
j) Garnera rätten med pistou till slut.
k) Din soppa är redo att serveras.

68. Niçoise Coq Au Vin

INGREDIENSER:

- En kopp kycklingbitar
- En matsked koshersalt
- En matsked svartpeppar
- Två koppar rött vin
- Ett lagerblad
- En tesked socker
- Två timjankvistar
- En halv kopp tärnad bacon
- En kopp morötter
- En lök
- En tesked hackad vitlök
- En halv kopp tomatpuré
- Persilja

INSTRUKTIONER:

a) Ta en stor skål.
b) Lägg i kycklingbitarna.
c) Krydda kycklingen med peppar och salt.
d) Kombinera kycklingen med rött vin, lagerblad och timjan.
e) Täck den och marinera i trettio minuter.
f) Koka baconen tills de blir knapriga.
g) Lägg i den marinerade kycklingen.
h) Koka tills kycklingen blir gyllenbrun.
i) Tillsätt lök, morötter och alla grönsaker.
j) Tillsätt vitlök, tomatpuré och koka i en minut.
k) Tillsätt resten av ingredienserna i blandningen.
l) Koka ingredienserna i tio till femton minuter.

69. Niçoise kyckling Cassoulet

INGREDIENSER:
- Ett pund bönor
- En tesked koshersalt
- Ett halvt kilo kyckling
- Två matskedar ankfett
- En tesked svartpeppar
- Persilja
- En tesked vitlökspulver
- Två selleri stjälkar
- En kopp lök
- En kopp vitlökskorv
- Två lagerblad

INSTRUKTIONER:
a) Ta en stor skål.
b) Tillsätt bönorna och vattnet efter behov.
c) Tillsätt salt och peppar i bönorna.
d) Värm upp ankfettet.
e) Tillsätt saltet och koka tills det blir brunt.
f) Krydda kycklingbitarna med peppar.
g) Lägg i korvarna och koka den väl.
h) Tillsätt löken i matlagningsblandningen.
i) Tillsätt vitlök, stjälkselleri, persilja, lagerblad och tillsätt bönblandningen.
j) Koka bönorna tillsammans med alla ingredienser i fyrtiofem minuter.
k) Se till att all kyckling och bönor blandas väl.
l) Lägg den hackade persiljan ovanpå.

70. Niçoise Potatis Dauphinoise

INGREDIENSER:
- Två matskedar strösocker
- En halv kopp potatisskivor
- En halv matsked hackad vitlök
- En halv tesked kanel
- En halv matsked muskotnöt
- En halv kopp osaltat smör
- En halv kopp grädde av tartar
- Två koppar universalmjöl
- En kopp riven ost

INSTRUKTIONER:
a) Ta en stor panna.
b) Tillsätt vatten i pannan.
c) Värm den över medelhög värme.
d) Tillsätt sockret i den.
e) Värm den tills den blir gyllene.
f) Tillsätt potatisskivorna, kanel, vitlök och muskotnöt.
g) Öka värmen och koka i fem minuter.
h) Ta bort den från värmen och låt den svalna.
i) Ta en stor skål.
j) Tillsätt osten i den.
k) Tillsätt grädden av tartar och mjöl i den.
l) Tillsätt smöret i den.
m) Blanda det tills degen är bildad.
n) Lägg degen på potatisblandningen.
o) Grädda rätten i femton minuter.

71. Niçoise Champinjon Bourguignon

INGREDIENSER:
- Två matskedar olivolja
- En kopp vit hackad lök
- En matsked hackad vitlök
- Tre matskedar allsidigt mjöl
- Tre koppar svampskivor
- Tre koppar rött vin
- En tesked finhackad vitlök
- Tre matskedar mjukt smör
- En kvist färsk hackad rosmarin
- En kvist färsk hackad timjan
- En kvist hackad färsk persilja
- Två koppar grönsaksfond

INSTRUKTIONER:
a) Ta en stor panna.
b) Tillsätt smör och lök i pannan.
c) Tillsätt kryddor, örter och tomater i pannan.
d) Koka blandningen väl.
e) Lägg i svampskivorna i pannan.
f) Tillsätt grönsaksfonden och täck pannan så att grönsakerna kokar ordentligt.
g) Tillsätt resten av ingredienserna när grönsaksblandningen torkat.
h) Koka rätten i tio minuter.
i) Lägg den hackade persiljan ovanpå.

72. Bean och Veggie Cassoulet

INGREDIENSER:
- Ett pund bönor
- En tesked koshersalt
- Två matskedar smör
- En tesked svartpeppar
- Persilja
- En tesked vitlökspulver
- Två selleri stjälkar
- En kopp lök
- Två koppar blandade grönsaker
- Två lagerblad

INSTRUKTIONER:
a) Ta en stor skål.
b) Tillsätt bönorna och vattnet efter behov.
c) Tillsätt salt och peppar i bönorna.
d) Hetta upp smöret.
e) Tillsätt saltet och koka tills det blir brunt.
f) Krydda grönsaksbitarna med peppar.
g) Tillsätt löken i matlagningsblandningen.
h) Tillsätt vitlök, stjälkselleri, persilja, lagerblad och tillsätt bönblandningen.
i) Koka bönorna tillsammans med alla ingredienser i fyrtiofem minuter.
j) Se till att alla grönsaker och bönor blandas väl.
k) Lägg den hackade persiljan ovanpå.

73. Grönsaks Niçoise Bröd Pizza

INGREDIENSER:
- Ett halvt kilo blandade grönsaker
- En gul lök
- Två koppar mozzarellaost
- En tesked torkad rosmarin
- En nypa svartpeppar
- En nypa salt
- En kopp tomatsås
- En matsked parmesanost
- En halv kopp skivade oliver
- Två matskedar olivolja
- Ett paket bröddeg

INSTRUKTIONER:
a) Kavla ut bröddegen i en ugnsform.
b) Bred ut tomatsåsen på degen.
c) Lägg grönsakerna och resten av ingredienserna ovanpå såsen.
d) Grädda pizzan i cirka tjugo minuter.
e) Dela ut när det är klart.

74. Niçoise Potatis Au Vin

INGREDIENSER:
- En kopp potatisbitar
- En matsked koshersalt
- En matsked svartpeppar
- Två koppar rött vin
- Ett lagerblad
- En tesked socker
- Två timjankvistar
- En kopp morötter
- En lök
- En tesked hackad vitlök
- En halv kopp tomatpuré
- Persilja

INSTRUKTIONER:
a) Ta en stor skål.
b) Lägg i potatisbitarna.
c) Krydda potatisen med peppar och salt.
d) Kombinera potatisen med rött vin, lagerblad och timjan.
e) Täck den och marinera i trettio minuter.
f) Lägg i den marinerade potatisen.
g) Koka tills potatisen blir gyllenbrun.
h) Tillsätt lök, morötter och alla grönsaker.
i) Tillsätt vitlök, tomatpuré och koka i en minut.
j) Tillsätt resten av ingredienserna i blandningen.
k) Koka i tio minuter.

75. Niçoise Ratatouille

INGREDIENSER:
- En nypa koshersalt
- En tesked svartpeppar
- En kopp auberginebitar
- En kopp zucchinibitar
- En kvart kopp hackade mejramsdadlar
- En kopp hackad gräslök
- En kopp körsbärstomater
- En halv kopp sommarsmakliga kvistar
- Två matskedar finhackad vitlök
- Två matskedar torkad timjan
- En halv kopp hackad persilja
- Två teskedar Herbs de Provence
- En halv kopp hackad lök
- Två matskedar olivolja
- En halv kopp basilikablad
- En kopp röd paprika
- En matsked krossad röd paprika
- Ett lagerblad
- En halv tesked fänkålsblad

INSTRUKTIONER:
a) Ta en stor panna.
b) Tillsätt olivoljan och hackad lök i den.
c) Koka löken tills den blir ljusbrun i färgen.
d) Tillsätt den hackade vitlöken i pannan.
e) Koka blandningen i fem minuter.
f) Krydda blandningen med salt och peppar.
g) Tillsätt kryddorna och alla grönsaker.
h) Krossa körsbärstomaterna i en skål och tillsätt saltet.
i) Fördela blandningen i en tallrik när grönsakerna är färdiga.
j) Lägg i de krossade tomaterna i pannan.
k) Koka tomaterna i tio minuter eller tills de blivit mjuka.
l) Tillsätt grönsaksblandningen i pannan igen.
m) Koka upp blandningen och tillsätt hackade mejramdadlar, basilika och bladpersilja.

76.Niçoise Grönsaksgryta

INGREDIENSER:

- Två matskedar olivolja
- Ett pund blandade grönsaker
- Två matskedar hackad vitlök
- Två koppar hackad schalottenlök
- En kopp hackad lök
- En kopp hackad persilja
- En kopp grönsaksfond
- En matsked Herbs de Provence
- En halv kopp hackad färsk timjan
- En halv kopp hackad färsk rosmarin
- En halv kopp hackad färsk gräslök
- En tesked mix kryddpulver
- En halv tesked rökt paprika
- Ett lagerblad
- En halv tesked salt
- En tesked svartpeppar

INSTRUKTIONER:

a) Ta en stor panna.
b) Tillsätt alla ingredienser och olivolja i pannan.
c) Blanda grytan väl.
d) Koka grytan i tio till femton minuter.

77.Niçoise Vegetarisk limpa

INGREDIENSER:

- Två matskedar olivolja
- En halv kopp hackad schalottenlök
- En kopp tärnad grön paprika
- En tesked finhackad vitlök
- En kopp tärnad aubergine
- En kopp tärnad zucchini
- En och en halv kopp universalmjöl
- En tesked svartpeppar
- En halv kopp tärnade tomater
- En halv tesked salt
- En halv kopp mjölk
- En och en halv kopp schweizerost
- Olivolja för borstning
- Tre hela ägg

INSTRUKTIONER:

a) Ta en stor stekpanna.
b) Tillsätt två matskedar olivolja och hackad schalottenlök i stekpannan.
c) Koka schalottenlöken i några minuter tills den blir ljusbrun.
d) Tillsätt hackad vitlök, tomater, aubergine, zucchini och grön paprika i stekpannan.
e) Koka grönsakerna i tio minuter.
f) Tillsätt salt och svartpeppar i stekpannan och blanda väl.
g) Stäng av spisen och låt blandningen svalna.
h) Ta en stor skål.
i) Tillsätt äggen och mjölken i skålen.
j) Vispa väl och tillsätt sedan mjöl och grönsaker i skålen.
k) Blanda allt väl.
l) Häll blandningen i en smord brödform.
m) Lägg schweizerosten ovanpå smeten och smörj limpan med olivolja ovanpå.
n) Sätt formen i en förvärmd ugn och grädda brödet.
o) Dela upp brödet efter fyrtio minuter.

78. Niçoise Gratäng av grönsaker

INGREDIENSER:
- Två matskedar strösocker
- En halv kopp blandade grönsaksskivor
- En halv matsked mald kryddnejlika
- En halv matsked kanel
- En halv matsked muskotnöt
- En halv kopp osaltat smör
- En halv tesked torkad timjan
- Två ägg
- En halv kopp grädde av tartar
- Två koppar universalmjöl
- En kopp strimlad gruyereost

INSTRUKTIONER:
a) Ta en stor panna.
b) Värm den över medelhög värme.
c) Tillsätt sockret i den.
d) Värm den tills den blir gyllene karamell.
e) Tillsätt grönsaksskivorna, kanel, kryddnejlika och muskotnöt.
f) Öka värmen och koka i fem minuter.
g) Ta bort den från värmen och låt den svalna.
h) Ta en stor skål och tillsätt ost i den.
i) Tillsätt grädden av tartar och mjöl i den.
j) Tillsätt de kokta grönsakerna och resten av ingredienserna i
k) skål.
l) Lägg ingredienserna i en ugnsform.
m) Grädda ingredienserna i tio till femton minuter.

79.Niçoise Grönsak Niçoise Dip Sandwich

INGREDIENSER:
- Fyra matskedar grönsaksbas
- Tre matskedar dijonsenap
- Två matskedar olivolja
- Niçoise baguetter
- Två matskedar hackad färsk gräslök
- En kvart kopp svampskivor
- Salt att smaka
- Två koppar skivad paprika
- Svartpeppar efter smak
- Två koppar soltorkade tomater
- Ett paket Niçoise ostskiva
- Två teskedar smör

INSTRUKTIONER:

a) Rosta skivorna av svamp och paprika i ugnen genom att tillsätta smör, salt och peppar.
b) Rosta baguetten och börja fodra subben med ingredienser.
c) Tillsätt alla ingredienserna en och en i suben och sedan den rostade svampen och paprikan till slut.
d) Slå in baguetterna.
e) Du kan servera smörgåsen med någon av dina favoritsåser eller dipp.

80. Niçoise White Bean Stew

INGREDIENSER:
- Två matskedar olivolja
- Ett pund vita bönor (halvkokta)
- En halv kopp hackad kryddnejlika
- Två koppar hackad schalottenlök
- En kopp hackad lök
- En kopp hackad persilja
- En kopp grönsaksfond
- En matsked Herbs de Provence
- En halv kopp hackad färsk timjan
- En halv kopp hackad färsk rosmarin
- En halv kopp hackad färsk gräslök
- En tesked mix kryddpulver
- En halv tesked rökt paprika
- Ett lagerblad
- Salt att smaka
- Svartpeppar efter smak

INSTRUKTIONER:
a) Ta en stor skål.
b) Tillsätt alla hackade ingredienser i skålen.
c) Blanda alla ingredienser väl.
d) Tillsätt lite vatten i den.
e) Mixa blandningen med en stavmixer.
f) Se till att ingredienserna blir jämna.
g) Tillsätt bönorna i blandningen.
h) Marinera de halvkokta bönorna i blandningen i femton minuter.
i) Ta en stor panna.
j) Tillsätt alla ingredienser och olivolja i pannan.
k) Blanda grytan väl.
l) Koka grytan i tio till femton minuter.

81.Niçoise Mandel Niçoise Toast

INGREDIENSER:
- Fyra brödskivor
- En matsked bakpulver
- En matsked vaniljextrakt
- En halv kopp mandelmjölk
- En nypa salt
- Ett ägg
- En halv kopp krossad mandel

INSTRUKTIONER:
a) Ta en stor skål.
b) Tillsätt ägget i en stor skål.
c) Blanda äggen tills en slät blandning bildas.
d) Tillsätt resten av ingredienserna en i taget och se till att det inte bildas några klungor.
e) Hetta upp en stor panna.
f) Tillsätt det mjukade smöret och värm det.
g) Doppa brödskivorna i skålen.
h) Lägg skivorna i pannan och stek på alla sidor.
i) Koka brödskivorna tills de blir gyllenbruna.
j) Lägg den krossade mandeln ovanpå.

82. Niçoise Linsgryta

INGREDIENSER:
- Två matskedar olivolja
- Ett pund linser (halvkokta)
- En halv kopp hackad kryddnejlika
- Två koppar hackad schalottenlök
- En kopp hackad lök
- En kopp hackad persilja
- En kopp grönsaksfond
- En matsked Herbs de Provence
- En halv kopp hackad färsk timjan
- En halv kopp hackad färsk rosmarin
- En halv kopp hackad färsk gräslök
- En tesked mix kryddpulver
- En halv tesked rökt paprika
- Ett lagerblad
- Salt att smaka
- Svartpeppar efter smak

INSTRUKTIONER:
a) Ta en stor skål.
b) Tillsätt alla hackade ingredienser i skålen.
c) Blanda alla ingredienser väl.
d) Tillsätt lite vatten i den.
e) Mixa blandningen med en stavmixer.
f) Se till att ingredienserna blir jämna.
g) Tillsätt linserna i blandningen.
h) Marinera de halvkokta linserna i blandningen i femton minuter.
i) Ta en stor panna.
j) Tillsätt alla ingredienser och olivolja i pannan.
k) Blanda grytan väl.
l) Koka grytan i tio till femton minuter.

83.Niçoise One Pot Niçoise Lök Pasta

INGREDIENSER:
- En kopp tärnad lök
- Två matskedar olivolja
- En kopp körsbärstomater
- Ett paket pasta
- En kopp grönsaksbuljong
- En tesked timjanpulver
- En kopp riven ost
- En halv tesked rökt paprika
- En kopp vatten
- Två matskedar finhackad vitlök
- Två matskedar finhackad ingefära
- En halv kopp koriander

INSTRUKTIONER:
a) Ta en panna.
b) Tillsätt oljan och löken.
c) Koka löken tills den blir mjuk och doftande.
d) Tillsätt hackad vitlök och ingefära.
e) Koka blandningen väl.
f) Tillsätt kryddorna.
g) Tillsätt i buljongen.
h) Blanda ingredienserna noggrant och täck pannan.
i) Koka pastan enligt anvisningarna på förpackningen.
j) Lägg i körsbärstomaterna.
k) Blanda ner pastan och den rivna osten i blandningen.
l) Lägg koriandern ovanpå.

84. Niçoise linssallad med getost

INGREDIENSER:

- Tre koppar grönsaksbuljong
- En kopp morot
- En halv kopp färsk timjan
- En kopp Niçoise linser
- En halv tesked rökt paprika
- Två matskedar finhackad vitlök
- En halv kopp hackad selleri
- Två matskedar olivolja
- Två matskedar honung
- En kopp getost
- En halv kopp dijonsenap

INSTRUKTIONER:

a) Ta en stor panna.
b) Tillsätt olja och linser i pannan.
c) Stek linserna och tillsätt sedan grönsaksbuljongen.
d) Låt linserna koka i cirka trettio minuter eller tills vätskan torkar ut i kastrullen.
e) Tillsätt resten av ingredienserna i en skål.
f) Blanda alla ingredienser väl till en homogen blandning.
g) Lägg de kokta linserna ovanpå blandningen.
h) Kasta salladen för att se till att allt blandas ordentligt.

85. Niçoise Faux Sallad

INGREDIENSER:
- Fyra matskedar olivolja
- En halv kopp ricottaost
- En kopp mozzarellaost
- En halv kopp basilikablad
- En kvart tesked oregano
- En halv kopp parmesanost
- Två koppar gröna ärtor
- En kopp pickles
- En halv kopp majonnäs
- En kopp äpplen

INSTRUKTIONER:
a) Ta en skål.
b) Tillsätt alla våta ingredienser i skålen.
c) Blanda alla ingredienser väl.
d) Tillsätt resten av ingredienserna i skålen.
e) Blanda väl tills de torra ingredienserna är väl täckta.

86. Niçoise kokoscurried linssoppa

INGREDIENSER:

- Två koppar grönsaksfond
- Två matskedar pressad vitlök
- Salt att smaka
- Svartpeppar efter smak
- Två matskedar olivolja
- En kopp torkat vitt vin
- En kopp lök
- Två matskedar allsidigt mjöl
- En halv kopp tung grädde
- Två koppar linser
- En kopp kokosmjölk
- Ett lagerblad
- Två matskedar färsk timjan
- Niçoise brödskivor
- Hackad dill

INSTRUKTIONER:

a) Ta en stor kastrull.
b) Tillsätt olja och lök i pannan.
c) Stek löken tills den blir gyllenbrun.
d) Tillsätt pressad vitlök i pannan.
e) Tillsätt kryddorna och linserna i blandningen.
f) Tillsätt all-purpose mjöl, tjock grädde och torkat vitt vin.
g) Tillsätt kokosmjölken och tillsätt sedan grönsaksfonden.
h) Täck pannan med lock i fem minuter.
i) Låt soppan koka ordentligt.
j) Fördela soppan i soppskålar.
k) Lägg den hackade färska dillen ovanpå.

87. Niçoise gröna bönor

INGREDIENSER:
- Två matskedar dijonsenap
- Ett pund gröna bönor
- Två matskedar finhackad vitlök
- En halv kopp torrt vitt vin
- En halv kopp koriander
- Två matskedar olivolja
- En matsked torkad rosmarin
- En halv tesked salt
- En tesked svartpeppar
- Torkad timjan, en tesked
- En halv tesked rökt paprika

INSTRUKTIONER:
a) Ta en stor panna.
b) Tillsätt olivoljan i den.
c) Tillsätt vitlök, haricots verts och kryddor i pannan.
d) Koka bönorna i kryddorna i fem till tio minuter.
e) Tillsätt resten av ingredienserna i blandningen.
f) Koka blandningen tills den börjar koka.
g) Koka i tio minuter och diska sedan upp.

EFTERRÄTT

88. Lavendel honung Pannacotta

INGREDIENSER:
- 2 koppar tung grädde
- 1/2 kopp honung (helst lavendelinfunderad honung)
- 1 tsk vaniljextrakt
- 2 tsk gelatin
- 2 matskedar kallt vatten
- Färska bär till garnering

INSTRUKTIONER:
a) Värm grädden, honungen och vaniljextraktet i en kastrull tills det sjuder.
b) Lös under tiden upp gelatinet i kallt vatten och låt stå i några minuter.
c) Tillsätt gelatinblandningen till den varma grädden, rör om tills den är väl blandad.
d) Häll blandningen i ramekins och kyl tills den stelnat.
e) Servera kyld, garnerad med färska bär.

89.Apelsin och olivolja kaka

INGREDIENSER:
- 2 koppar universalmjöl
- 1 1/2 tsk bakpulver
- 1/2 tsk bakpulver
- Nypa salt
- 1 kopp strösocker
- 1/2 kopp extra virgin olivolja
- 3 stora ägg
- Skal av 2 apelsiner
- 1 kopp färsk apelsinjuice
- Pulversocker för att pudra

INSTRUKTIONER:
a) Värm ugnen till 350°F (175°C) och smörj en kakform.
b) I en skål, vispa ihop mjöl, bakpulver, bakpulver och salt.
c) I en annan skål, vispa socker, olivolja, ägg, apelsinskal och apelsinjuice tills det är väl blandat.
d) Tillsätt gradvis de torra ingredienserna till de våta ingredienserna, blanda tills det är slätt.
e) Häll smeten i den förberedda formen och grädda tills en tandpetare kommer ut ren.
f) Låt kakan svalna och pudra sedan över strösocker innan servering.

90. Niçoise Palmier Cookies

INGREDIENSER:
- En halv tesked muskotnöt
- En tesked vaniljextrakt
- Tre och en halv kopp mjöl
- En halv kopp socker
- En kopp saltat smör
- En matsked bakpulver
- En halv kopp palmier socker att strö över
- Två stora ägg
- En halv tesked koshersalt

INSTRUKTIONER:
a) Ta en stor skål.
b) Tillsätt de torra ingredienserna i en skål.
c) Blanda alla ingredienser väl.
d) Tillsätt smöret och resten av ingredienserna i skålen.
e) Tillsätt den bildade blandningen i en spritspåse.
f) Gör små hjärtformade kakor på en ugnsform och strö palmsockret ovanpå.
g) Grädda kakorna i tjugo minuter.
h) Dela ut kakorna när de är klara.

91. Niçoise Caneles

INGREDIENSER:
- Två koppar mandelmjöl
- Två ägg
- En matsked vaniljextrakt
- En kopp mjölk
- En matsked vegetabilisk olja
- En kopp universalmjöl
- En halv kopp fullkornsmjöl
- Salt att smaka
- Vatten att knåda

INSTRUKTIONER:
a) Ta en skål.
b) Tillsätt mjölet i den.
c) Tillsätt sockret i den.
d) Tillsätt ljummet vatten i den.
e) Ställ åt sidan i en halvtimme.
f) Tillsätt hela vetemjölet.
g) Tillsätt saltet och lite vatten i det.
h) Tillsätt äggen och vaniljextraktet i blandningen.
i) Tillsätt mandelmjölet och lite mjölk.
j) Blanda ingredienserna väl så att en slät blandning kan fås.
k) Tillsätt oljan om det behövs för jämnhet.
l) Ånga skålen i ett vattenbad i trettio minuter.

92. Niçoise Cherry Clafoutis

INGREDIENSER:
- Två koppar mjölk
- En tesked kanel
- En halv kopp tung grädde
- En halv kopp vitt socker
- En tesked salt
- Två ägg
- En tesked citronextrakt
- En tesked mandelextrakt
- Två koppar allroundmjöl
- En kopp smör
- En kopp urkärnade körsbär

INSTRUKTIONER:
a) Ta en medelstor skål.
b) Tillsätt det smälta smöret i den.
c) Tillsätt den tunga grädden och kanelen i den.
d) Tillsätt mjöl och blanda väl.
e) Tillsätt mjölken och saltet efter behov.
f) Tillsätt sockret och saltet efter behov.
g) Blanda dem väl.
h) Tillsätt ägg, körsbär, citronextrakt och mandelextrakt tillsammans.
i) Rör om i några minuter.
j) Lägg materialet på bakplåten.
k) Grädda materialet i tjugo minuter tills de blir något
l) brun.

93.Niçoise kokospaj

INGREDIENSER:
- En kopp torkad kokosnöt
- En halv kopp vatten
- En kopp självjäsande mjöl
- En halv kopp smör
- En matsked mjölk
- En tesked bakpulver
- Två ägg
- En kopp farinsocker

INSTRUKTIONER:
a) Ta en panna.
b) Tillsätt smöret.
c) När det smält, tillsätt mjölken och mjölet.
d) Blanda ingredienserna till en deg.
e) Stäng av spisen när degen har formats.
f) Tillsätt blandningen i en skål.
g) Tillsätt den torkade kokosen i den.
h) Tillsätt resten av ingredienserna i skålen och blanda.
i) Blanda alla ingredienser och separera degen i en pajform.
j) Grädda blandningen i fyrtiofem minuter.

94.Passionsfrukt och citronmarängtarteletter

INGREDIENSER:
- Två koppar passionsfrukt
- En halv kopp smör
- Ett paket tårtdeg
- En halv kopp tung grädde
- Två matskedar citronskal
- En halv kopp socker

INSTRUKTIONER:
a) Ta en stor skål.
b) Tillsätt grädden och vispa den ordentligt.
c) Gör det skummande och tillsätt sedan smör och socker.
d) Vispa blandningen ordentligt och tillsätt sedan passionsfrukten och citronskalet i smöret.
e) Blanda blandningen ordentligt.
f) Lägg tårtdegen i smorda tårtaformar.
g) Lägg blandningen ovanpå.
h) Grädda rätten ordentligt i tio till femton minuter.

95. Niçoise Pear Tart

INGREDIENSER:
- Två koppar päronskivor
- En halv kopp smör
- Ett paket tårtdeg
- En halv kopp tung grädde
- En halv kopp socker

INSTRUKTIONER:
a) Ta en stor skål.
b) Tillsätt grädden och vispa den ordentligt.
c) Gör det skummande och tillsätt sedan smör och socker.
d) Vispa blandningen ordentligt och lägg sedan päronskivorna i smöret.
e) Blanda blandningen ordentligt.
f) Lägg tårtdegen i smorda tårtaformar.
g) Lägg blandningen ovanpå
h) Grädda rätten ordentligt i tio till femton minuter.

96.Strawberry Frasier och Lillet Chiffong Cake

INGREDIENSER:
- En kvarts kopp lillet blanc
- En halv kopp grädde av tartar
- En kvart kopp socker
- En kvart tesked mald kardemumma
- En kopp mjöl
- En nypa bakpulver
- Ett ägg
- För dressing:
- Två koppar jordgubbsskivor
- En kopp vispad grädde

INSTRUKTIONER:
a) Ta en stor skål.
b) Tillsätt alla ingredienser utom jordgubbsskivorna i skålen.
c) Se till att ugnsformen är ordentligt smord och klädd med bakplåtspapper.
d) Baka kakan.
e) Diska upp den när den är klar.
f) Lägg den vispade grädden ovanpå kakan.
g) Täck den med jordgubbsskivor.

97. Niçoise Poire Avec Orange

INGREDIENSER:
- En halv kopp farinsocker
- En tesked vaniljextrakt
- Fyra hela päron
- En och en halv kopp apelsinjuice
- Halv kopp valnötter
- En halv kopp vitt socker
- En tesked kanelpulver

INSTRUKTIONER:
a) Ta en stor kastrull.
b) Tillsätt alla ingredienser i pannan utom päronen.
c) Koka ingredienserna väl.
d) Koka blandningen tills sockret löst sig.
e) Täck päronen i såsen.
f) Kyl päronen i en timme.

98.Niçoise Chokladmousse

INGREDIENSER:
- Två koppar mandelmjöl
- En halv kopp choklad
- Två ägg
- En matsked vaniljextrakt
- En kopp mjölk
- En matsked vegetabilisk olja
- En kopp universalmjöl
- En halv kopp fullkornsmjöl
- En nypa salt

INSTRUKTIONER:
a) Ta en skål.
b) Tillsätt mjölet i den.
c) Tillsätt den smälta chokladen och sockret i den.
d) Tillsätt ljummet vatten i den.
e) Ställ åt sidan i en halvtimme.
f) Tillsätt hela vetemjölet.
g) Tillsätt saltet och lite vatten i det.
h) Tillsätt äggen och vaniljextraktet i blandningen.
i) Tillsätt mandelmjölet och lite av mjölken.
j) Blanda ingredienserna väl så att en slät blandning kan fås.
k) Kyl materialet i en timme.

99.Niçoise Chokladbakelse

INGREDIENSER:
- Två koppar mjölk
- En halv kopp vitt socker
- En tesked salt
- Två ägg
- Två matskedar kakaopulver
- En tesked citronextrakt
- En tesked mandelextrakt
- Två koppar allroundmjöl
- En kopp smör
- En tesked torrjäst

INSTRUKTIONER:
a) Ta en medelstor skål.
b) Tillsätt smöret i den.
c) Tillsätt mjölet och blanda väl.
d) Kyl blandningen.
e) Ta en stor skål och tillsätt jästen i den.
f) Tillsätt socker, salt och mjölk.
g) Blanda mjölkblandningen med mjölet.
h) Tillsätt kakaopulver, ägg, citronextrakt och mandelextraktet tillsammans.
i) Knåda degen tills den är enhetlig.
j) Lägg smör på degen och vik ihop den.
k) Gör bakelser av degrullen.
l) Tillsätt den tunga grädden i degen.
m) Grädda dem i tio minuter.
n) Bakelsen är klar att serveras.

100.Niçoise vaniljsåspaj

INGREDIENSER:
- Två äggula
- En halv kopp vatten
- En kopp självjäsande mjöl
- En halv kopp smör
- En matsked mjölk
- En tesked bakpulver
- En kopp farinsocker

INSTRUKTIONER:
a) Ta en panna.
b) Tillsätt smöret.
c) När det smälter ner.
d) Tillsätt mjölken och mjölet.
e) Blanda ingredienserna till en deg.
f) Stäng av spisen när degen har formats.
g) Tillsätt blandningen i en skål.
h) Tillsätt resten av ingredienserna i skålen och blanda.
i) Blanda alla ingredienser och separera degen i en pajform.
j) Grädda blandningen i fyrtiofem minuter.

SLUTSATS

När vi avslutar vår kulinariska expedition genom "Köket i frankrikes soligaste stad, inspirerad av nicoise-marknaden", hoppas vi att du har upplevt magin i Nices pulserande kulinariska scen i bekvämligheten av ditt eget kök. Varje recept på dessa sidor är en hyllning till de soldränkta marknaderna, medelhavsinfluenserna och den provensalska charmen som definierar stadens gastronomiska identitet.

Oavsett om du har njutit av friskheten hos en sallad niçoise, njutit av de rika smakerna av bouillabaisse eller njutit av den citrusiga sötman hos en tarte aux citrons, litar vi på att dessa 100 recept har fört dig till hjärtat av den franska rivieran. Utöver ingredienserna och teknikerna, må Nice-andan dröja kvar i ditt kök och inspirera dig att ingjuta dina måltider med värmen, livfullheten och elegansen som definierar Niçoise-köket.

När du fortsätter att utforska de kulinariska rikedomarna på den franska rivieran, må "Niçoise" vara din följeslagare som guidar dig genom marknaderna, havet och de förtrollande smakerna som gör denna region till en sann gastronomisk skatt. Här ska du njuta av Nices livliga anda och föra den soligaste stadens kulinariska läckerheter till ditt bord – god aptit!

www.ingramcontent.com/pod-product-compliance
Lightning Source LLC
Chambersburg PA
CBHW071908110526
44591CB00011B/1600